Anja Schmidt-Größer, Michael Jobst,
Friederike Moog

Volleyball und Basketball am Gymnasium

Lernstationen und Coachingmappen zur Sportspielevermittlung

7. bis 10. Klasse

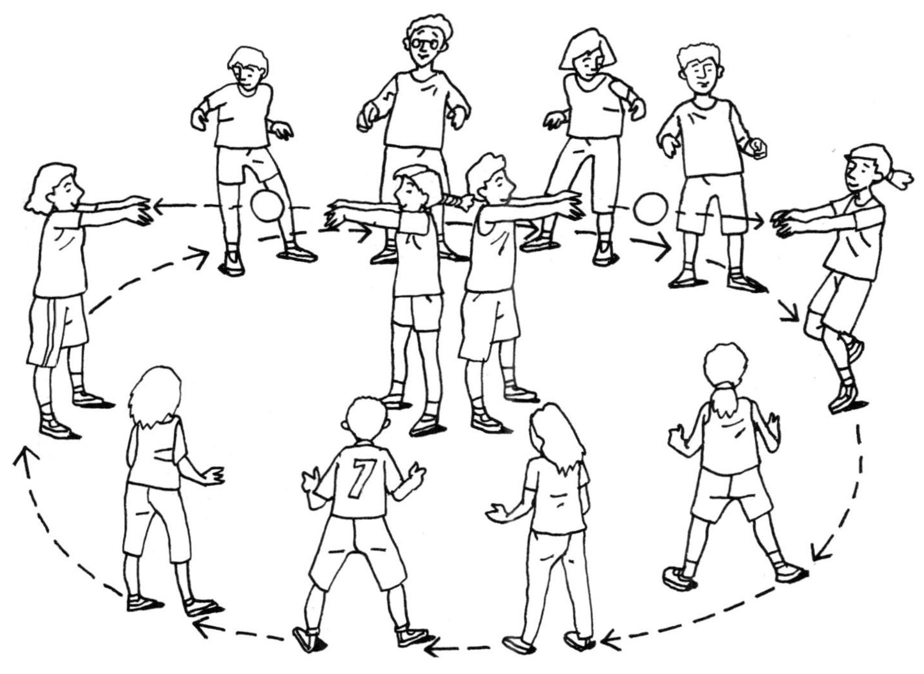

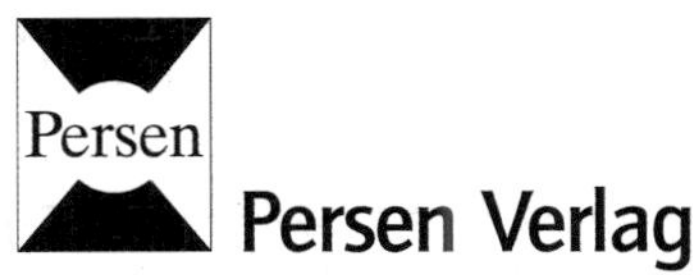

Persen Verlag

Die Autoren:

Anja Schmidt-Größer – ist Gymnasiallehrerin für die Fächer Sport und Deutsch sowie Fachausbilderin Sport für Gymnasien am Studienseminar Oberursel.

Michael Jobst – ist Gymnasiallehrer für die Fächer Sport, Wirtschaft und Politik.

Friederike Moog – ist Gymnasiallehrerin für die Fächer Sport, Erdkunde und Englisch.

Gedruckt auf umweltbewusst gefertigtem, chlorfrei gebleichtem und alterungsbeständigem Papier.

1. Auflage 2012

Illustrationen: Thomas Binder
Satz: Satzpunkt Ursula Ewert GmbH

ISBN 978-3-403-23222-3

www.persen.de

Inhaltsverzeichnis

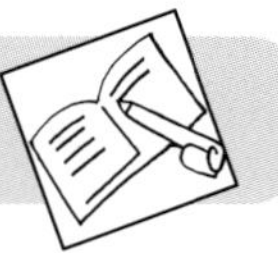

Vorbemerkung 4

Methodisch-didaktische Hinweise
Sportspielevermittlung im Coaching-System 5
Sportspielevermittlung als Stationenlernen 5

Teil 1: Volleyball

Oberes Zuspiel
Technik-Überblick 7
Kompetenzraster Oberes Zuspiel 8
Station 1: Korbpritschen 9
Station 2: Fang den Ball 10
Station 3: Guten Morgen 11
Station 4: Augen auf 12
Station 5: Rundlauf am Korb 13
Station 6: Spielform – Zwei gegen zwei mit zwei Ballkontakten 14
Station 7: Spielform – Zwei gegen zwei mit drei Ballkontakten 15
Station 8: Spielform – Drei gegen drei mit drei Ballkontakten 16
Station 9: Spielform – König der Halle 17
Station 10: Spielform – Kaiserturnier 18

Unteres Zuspiel
Technik-Überblick 19
Kompetenzraster Unteres Zuspiel 20
Station 1: Hoch den Ball 21
Station 2: Aufstehen 22
Station 3: Schiebe den Ball 23
Station 4: Korbbaggern 24
Station 5: Haltet den Ball hoch (Rundlauf) 25
Station 6: Baggernachlauf 26
Station 7: Baggerwettkampf 27
Station 8: Baggerrundlauf 28

Angabe
Technik-Überblick 29
Kompetenzraster Angabe von unten 30
Station 1: Schlag den Ball (1) 31
Station 2: Die Wand – Mein Gegner 32
Station 3: Triff den Korb 33
Station 4: Aufschlag über die Schnur 34
Station 5: Feldverteidigung 35
Station 6: Aufschlagstaffel 36

Angriffsschlag
Technik-Überblick 37
Kompetenzraster Angriffsschlag 39
Station 1: Schlag den Ball (2) 40
Station 2: Finde den Rhythmus 41
Station 3: Schmettere den Ball 42

Teil 2: Basketball

Passen
Technik-Überblick 43
Kompetenzraster Druckpass 44
Station 1: Unser Ball 45
Station 2: Triff das Ziel 46
Station 3: Reifenpassen 47
Station 4: Wanderei 48
Station 5: Spielform – Holt uns ein 49
Station 6: Spielform – Brettball 50
Station 7: Spielform – Burgball 51
Station 8: Spielform – Lauerball 52

Dribbeln
Technik-Überblick 53
Kompetenzraster Dribbeln 54
Station 1: Bankdribbeln 55
Station 2: Slalomlauf 56
Station 3: Sei mein Spiegelbild 57
Station 4: Dribbelstaffel 58
Station 5: Spielform – Folge meinem Schatten 59
Station 6: Spielform – Balldieb 60
Station 7: Spielform – Meister des Dribblings 61
Station 8: Spielform – Dribbelstaffel mit Korbwurf 62

Korbwurf
Technik-Überblick 63
Kompetenzraster Korbwurf 64
Station 1: Korbwurf mit Passen 65
Station 2: Spielform – Around the world. 66
Station 3: Spielform – Bump the ball 67

Korbleger
Technik-Überblick 68
Kompetenzraster Korbleger 69
Station 1: Rechts-links-Korbleger 70
Station 2: Spielform – Wettkampf am Korb . . . 71
Station 3: Spielform – Zwei gegen eins auf einen Korb 72
Station 4: Spielform – Kastenbasketball 73

Material zum Coachingsystem
Volleyball 74
Basketball 80

Quellenverzeichnis 85

Der moderne Sportunterricht erfordert, dass Sportlehrer[1] auf die unterschiedlichen Leistungsvoraussetzungen eingehen, die ihre Schüler mitbringen. Darüber hinaus verlangt ein mehrperspektivischer Sportunterricht, dass die Schüler zunehmend selbstständig arbeiten bzw. Selbstverantwortung übernehmen.

Sowohl die Methode des Stationenlernens als auch die des Coachingsystems kommen dem Umgang mit Heterogenität sowie dem Ansatz der Mehrperspektivität entgegen. Lerngruppen entwickeln hierdurch Selbstständigkeit und Eigenorganisation beim Lernen, der Lernprozess wird individualisiert und die Lehrkraft wird zum Lernpartner, der Übungs- und Lernprozesse noch präziser begleiten, beobachten, analysieren und optimieren kann.

Das vorliegende Buch zeigt Möglichkeiten auf, im Stationenbetrieb und/oder durch den Einsatz von Coachingmappen im Bereich der Sportspielevermittlung des Bewegungsfeldes „Spielen" kompetenzorientiert zu arbeiten. Dabei konzentrieren sich die Unterrichtsmaterialien auf die Vermittlung der großen Spiele Volleyball und Basketball in den Sportklassen der Jahrgangsstufen 7–10. Die hier vorgestellten Übungs- und Spielformen können sowohl als Stationskarten genutzt werden als auch als Vorlagen zum Einbinden in Coachingmappen. Die beiden Methoden und die entsprechenden Materialien können jedoch auch miteinander kombiniert werden. Die Abfolge der Übungs- und Spielformen kann jederzeit verändert werden, die Nummerierung der Stationen entspricht nicht automatisch dem Aufbau im Sinne einer methodischen Reihe. Die zeitliche Gestaltung der Stationen sollte auf die individuelle Lerngruppe angepasst sein. So mag beispielsweise eine längere Arbeitsphase an einer Station für einige Lerngruppen angebracht sein, bei anderen bietet sich möglicherweise ein Übungsbetrieb als Circuittraining mit festen Belastungszeiten und Pausen an.

Die dargestellten Übungsmaterialien können kopiert und gegebenenfalls als Stationskarten laminiert und in der Sporthalle aufgehängt werden. Die Lerngruppenmitglieder können mit vorheriger Einweisung eigenständig und nach individuellem Lernbedarf Stationen auswählen und an diesen ihrem Lernniveau entsprechend üben und trainieren. Ebenso eigenständig kann die Arbeit mit Coachingmappen erfolgen, die den Experten helfen, ihre Teammitglieder zu trainieren. Im Coachingsystem schulen Schülerexperten ihre Teammitglieder über mehrere Einheiten. Die Kompetenzraster können in ausgewählten Stunden der Unterrichtseinheit zur selbstständigen Kontrolle des Lernfortschritts eingesetzt werden.

Zur präziseren Technik- und Taktikvermittlung können in Verbindung mit diesen Unterrichtsmaterialien auch Bildreihen bzw. Videosequenzen zur Demonstration oder zur individuellen Bewegungsanalyse einzelner Schüler zum Einsatz kommen. Die Zielspiele Volleyball und Basketball können zudem jederzeit in abgewandelter Form, wie zum Beispiel durch variierende Spielfelder und Spielfeldgrößen, variierende Spielerzahlen oder reduzierte Regeln, in die Unterrichtsstunden integriert werden. Auch ist der Einsatz verschiedener Spielgeräte, wie unterschiedlich großer oder schwerer Bälle, im Rahmen der schulischen Ausstattung möglich. Dabei können sukzessive die sportspielgemäßen Regeln je nach Stand der Lerngruppe einbezogen werden.

Zum Unterrichtseinstieg jeder Stunde sollten Inhalte gewählt werden, die sich thematisch an den angestrebten Kompetenzen orientieren. So ist es, beim Erlernen des unteren Zuspiels im Volleyball sinnvoll, spezielle vorbereitende Spiel- und Übungsformen zur Ballgewöhnung in die Phase der Erwärmung zu integrieren, z. B.: „Werft den Ball hoch und fangt ihn in Baggerhaltung auf den Unterarmen auf!", „Rollt euch den Ball zu zweit in Baggerhaltung mit einem Abstand von 1–2 Metern mit den Armen zu!".

---

[1] Zugunsten der besseren Lesbarkeit ist in den Texten überwiegend von Lehrern, Schülern, Fängern usw. die Rede. Selbstverständlich sollen sich auch Lehrerinnen, Schülerinnen, Fängerinnen usw. angesprochen fühlen.

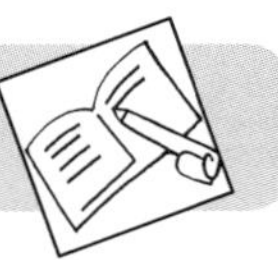

1. Sportspielevermittlung als Stationenlernen

Sportspiele über die Methode des Stationenlernens zu vermitteln, hat im modernen Sportunterricht seine Berechtigung, zumal die Bewegungszeit, bedingt durch geringe Hallengrößen, oft sehr eingeschränkt ist, wenn über reine Spielformen gelehrt wird. Zudem kommt die offene Form des Stationenlernens der Heterogenität schulischer Lerngruppen entgegen. Unterschiedliche Leistungspotenziale können genutzt oder ausgebaut werden, verschiedene Kompetenzen fachlicher wie überfachlicher Art können erweitert werden und unterschiedliche Lerntypen sowie Lerngeschwindigkeiten werden angesprochen. So lernen die Schüler beispielsweise, Bewegungsanweisungen und Aufbauanleitungen in verbalisierter und visualisierter Form zu lesen, zu verstehen und umzusetzen. Im Stationenlernen sollte der Lernprozess durch ein erhöhtes Maß an Selbstständigkeit und Eigenorganisation der Lerngruppen gekennzeichnet sein. Durch den Einsatz unterschiedlicher Bewegungsstationen wird:

- die Selbstständigkeit der Schüler gefördert
- ein differenzierendes Vorgehen ermöglicht
- die Teamkompetenz erhöht
- die Urteils- und Entscheidungskompetenz geschult
- die Bewegungskompetenz erweitert
- die sportliche Handlungskompetenz stabilisiert

Wichtig sind die gründliche Vorbereitung der Stationen und die differenzierenden Angebote, die in der Gestaltung der Stationskarten altersangemessen konzipiert sein müssen. Auf den Stationskarten sind unterschiedliche Schwierigkeitsstufen dargestellt, die durch die Begriffe **Beginner, Intermediate** und **Champion** gekennzeichnet werden. Diese ermöglichen es den Schülern, auf transparente und individuelle Weise Übungs- und Spielformen ihrem Lernstand angemessen auszuwählen und zu trainieren. Die Stationen können je nach didaktisch-methodischem Konzept in Partner-, Gruppen- oder auch in Einzelarbeit bearbeitet werden.

Stationskarten müssen in ihrer Gestaltung übersichtlich sein und sich auf das Wesentliche beschränken. Außerdem ist es wichtig, dass sie motivierend gestaltet sind und eine schnelle Umsetzbarkeit durch die Schüler gewährleistet ist. Die Stationenarbeit kann so angelegt sein, dass es Pflicht- und Wahlstationen gibt oder aber unter zeitlichen Vorgaben gearbeitet wird. Unterstützend kann Musik methodisch als strukturgebendes Instrument eingesetzt werden: Spielt die Musik, wird an den Stationen gearbeitet, bricht sie ab, erfolgt ein Stationenwechsel. Bei Wiedereinsetzen wird dann an der nächsten Station geübt. Das Einsetzen der Musik zum Zeichen des Stationenwechsels, dann spielt während des Übens keine Musik, ist ebenfalls denkbar, um das konzentrierte Arbeiten an den Stationen nicht zu stören.

Wichtig ist, dass im Unterrichtsgespräch vorab folgende Vereinbarungen mit der Lerngruppe bezüglich der Vorgehensweise getroffen werden:

- Zunächst lesen alle Schüler die Aufgaben auf den Stationskarten.
- Gemeinsam wird anschließend die Station aufgebaut.
- Alle Schüler halten sich an die Regel: Bevor wir zu einer anderen Station wechseln, wird die vorherige Station wieder in ihren Originalzustand versetzt.

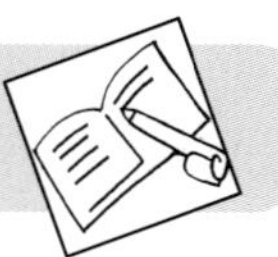

2. Sportspielevermittlung im Coachingsystem

Die Methode des Coachingsystems stellt eine Form des kooperativen Lernens in der Sportspielevermittlung dar. Dabei wird den Lernenden die Verantwortung für die Vermittlung des Unterrichtsinhalts übertragen. Somit lernen Schüler von Schülern. Im Sportunterricht zeigen sich unter den Schülern oftmals Experten für bestimmte Sportarten. Diese Schüler fungieren bei dieser Unterrichtsmethode als Coaches bzw. Trainer. Sie übernehmen eigenständig die Unterrichtsplanung und Durchführung, wobei die Lehrkraft als Berater zur Seite steht. Diese Methode eignet sich insbesondere für Sportspiele, da dort die Heterogenität der Lernenden im Spielgeschehen deutlich sichtbar wird.

Zu Beginn einer Einheit werden die Coaches ausgewählt. Dies kann entweder durch die Lehrkraft oder durch die Lerngruppe selbst erfolgen. Dabei bietet sich an, Schüler auszuwählen, die im Verein Basketball oder Volleyball spielen oder solche, die durch besondere Fähigkeiten oder Fertigkeiten auffallen. Die ausgewählten Schüler eignen sich nun fachliche und methodische Kenntnisse über die von der Lehrkraft bereitgestellten Coachingmappen an. Nach individuellem Bedarf der eigenen Gruppe wählen sie anschließend die passenden Übungs- bzw. Spielformen aus. Die Mappen können außerdem jederzeit durch die Coaches erweitert werden.

Sobald die Coaches gewählt wurden, ordnen sich alle übrigen Schüler der Lerngruppe den Trainern zu. Die Teambildung sollte dabei möglichst eigenständig ablaufen. Um einen reibungslosen Lernverlauf zu gewährleisten, ist es hilfreich, Verhaltensverträge zwischen den Coaches und den Lernenden vereinbaren zu lassen. Diese Verträge beinhalten Regeln, die von beiden Seiten eingehalten werden sollten, und befinden sich im Anhang der vorliegenden Materialien. Damit die Coaches einen Überblick über den Lernstand ihrer Spieler erhalten und damit sie die entsprechenden Übungen vorbereiten können, sollte ihnen die Möglichkeit gegeben werden, die Spieler im Spiel zu beobachten. Am Ende jeder Stunde können den Coaches und Spielern Auswertungsbögen ausgehändigt werden, um sich gegenseitig eine Rückmeldung zum Lernprozess geben zu können. Dabei sollen die Coaches ihre Gruppenmitglieder hinsichtlich deren Mitarbeit und Lernfortschritt bewerten. Die Spieler bewerten ihre Coaches hingegen bezüglich ihrer Anweisungen, Erklärungen und Demonstrationsfähigkeit.

Durch den Einsatz des Coachingsystems wird:

- eine vielfältige Differenzierung ermöglicht
- auf individuelle Lernstände eingegangen
- Selbstständigkeit geschult
- Teamkompetenz gefördert
- Urteils-und Entscheidungskompetenz erhöht
- Bewegungskompetenz erweitert

Gerade für Schüler aus Vereinen bietet diese Methode Möglichkeiten, ihr Leistungspotenzial in den Unterricht einzubringen. Sie übernehmen nicht die Rolle des Übenden, sondern nehmen die Rolle des Lehrenden ein. Für diese Schüler tritt zwar die Erhöhung der Bewegungskompetenz in den Hintergrund, sie sind jedoch im Bereich der Urteils- und Entscheidungskompetenz stärker gefordert. Dies ist in der Bewertung der erbrachten Leistung zu berücksichtigen. Die Lehrkraft wird in der Stunde entlastet und kann die gewonnene Zeit zur individuellen Beobachtung nutzen.

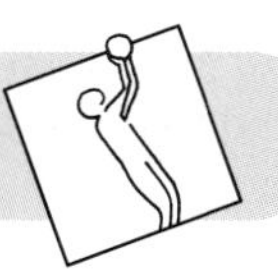

Technik-Überblick

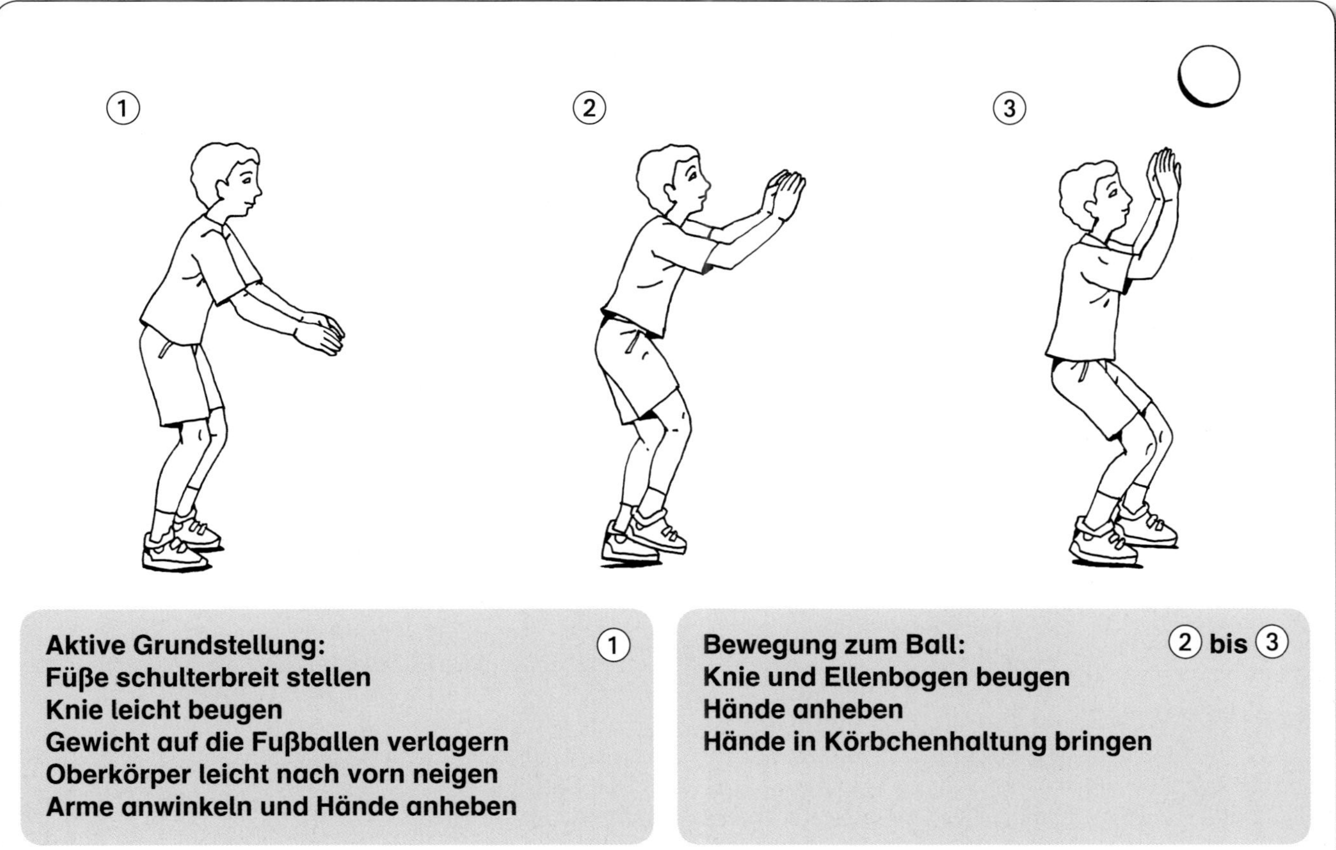

Aktive Grundstellung: ①
Füße schulterbreit stellen
Knie leicht beugen
Gewicht auf die Fußballen verlagern
Oberkörper leicht nach vorn neigen
Arme anwinkeln und Hände anheben

Bewegung zum Ball: ② bis ③
Knie und Ellenbogen beugen
Hände anheben
Hände in Körbchenhaltung bringen

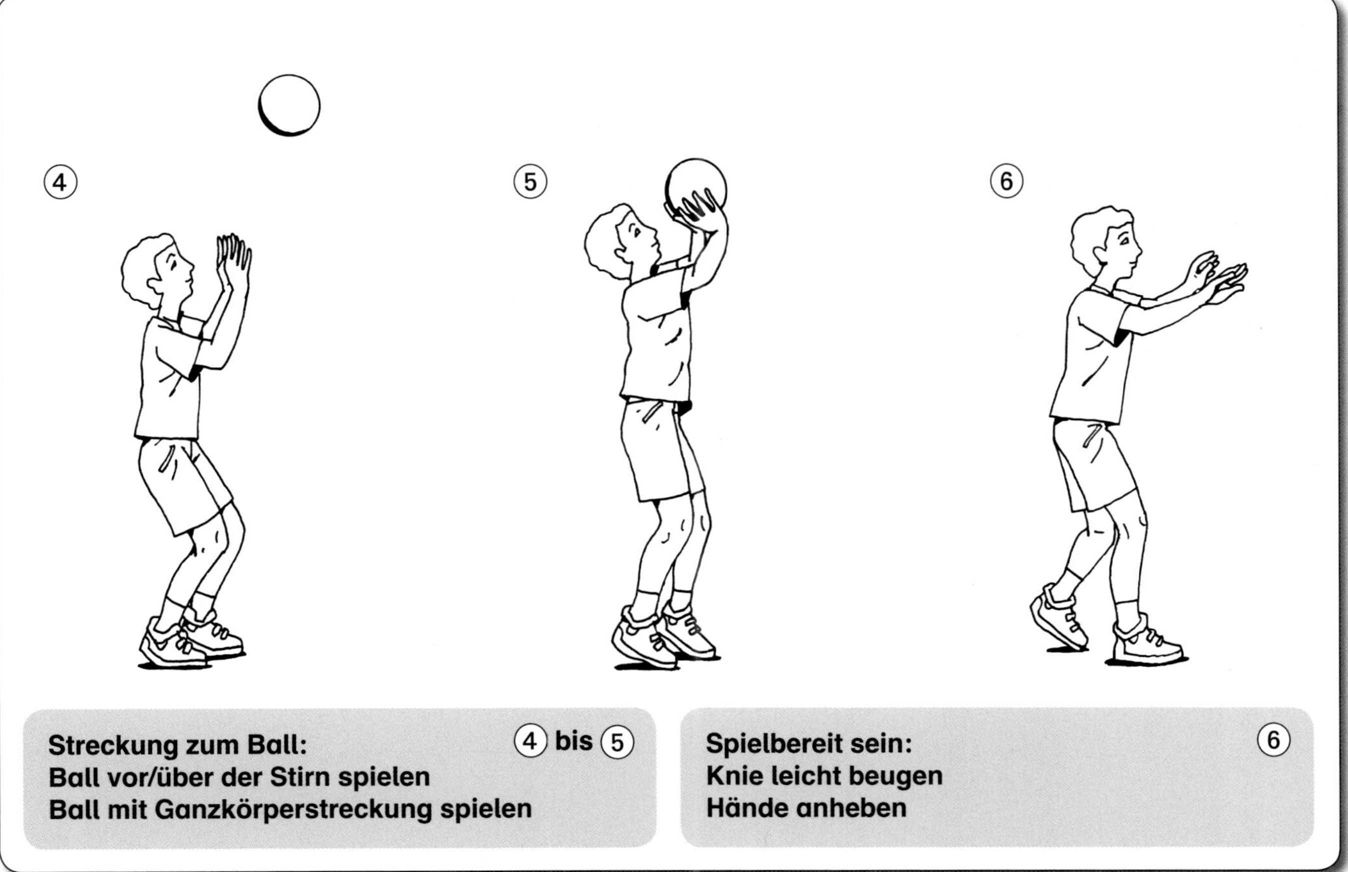

Streckung zum Ball: ④ bis ⑤
Ball vor/über der Stirn spielen
Ball mit Ganzkörperstreckung spielen

Spielbereit sein: ⑥
Knie leicht beugen
Hände anheben

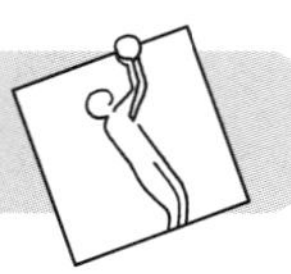

Kompetenzraster Oberes Zuspiel

Name: ______________________ Klasse: ______________

Coaching-Team: ______________________ Datum: ______________

					Das muss ich noch üben
1. Nimmt der Spieler die korrekte Ausgangsposition ein?					
Füße schulterbreit?					
Knie leicht gebeugt?					
Gewicht auf den Fußballen?					
Oberkörper leicht nach vorn geneigt?					
Arme angewinkelt und Hände angehoben?					
2. Wie bereitet der Spieler die Ballannahme vor?					
Knie und Ellbogen leicht gebeugt?					
Hände angehoben?					
Körbchenhaltung der Hände erkennbar?					
3. Wie spielt der Spieler den Ball?					
Ball vor/über der Stirn gespielt?					
Ball mit Ganzkörperstreckung gespielt?					
4. Wie bewegt sich der Spieler nach dem Spielen des Balls?					
Spielbereite Position eingenommen?					
Knie leicht gebeugt?					
Hände angehoben?					

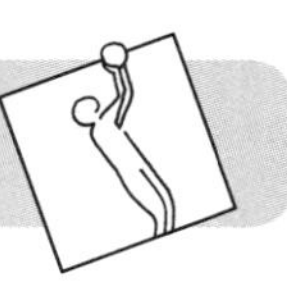

Station 1: Korbpritschen

Aufgabe:

① **Beginner:** Versuche, den Ball nach eigenem Anwurf in den Basketballkorb zu pritschen.

② **Intermediate:** Prelle den Ball auf den Boden und versuche, ihn in den Basketballkorb zu pritschen.

③ **Champion:** Prelle den Ball auf den Boden. Versuche, den hochspringenden Ball zunächst in die Luft und anschließend in den Basketballkorb zu pritschen.

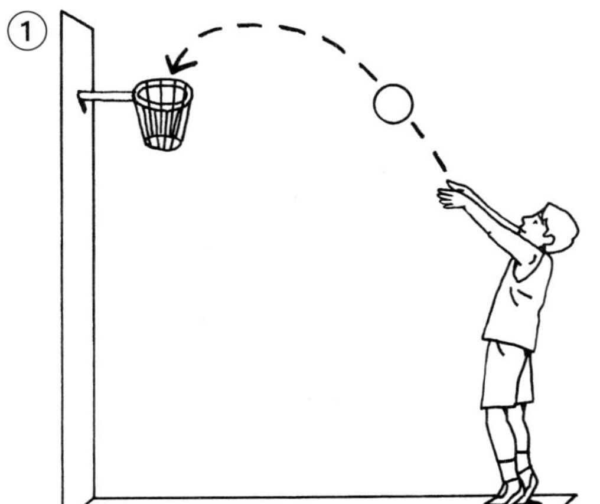

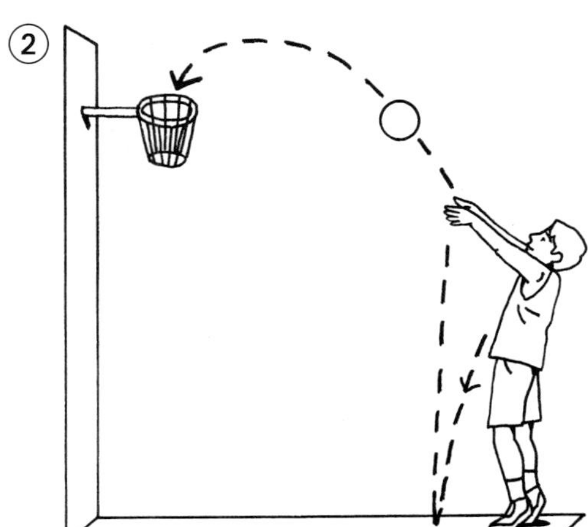

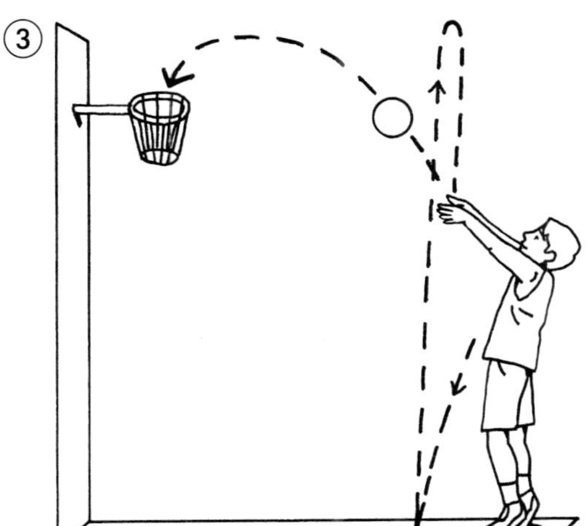

Material: 1 Volleyball, Basketballkorb

Schüleranzahl: 1

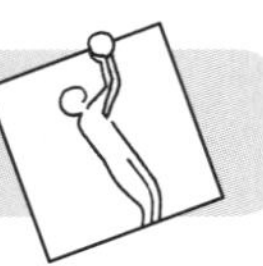

Station 2: Fang den Ball

Aufgabe:

① **Beginner:** Prelle den Ball beidhändig fest vor dir auf und fange ihn über dem Kopf.

③ **Intermediate:** Prelle den Ball beidhändig fest vor dir auf und pritsche den hochspringenden Ball in die Luft. Fange ihn anschließend.

③ **Champion:** Prelle den Ball beidhändig fest vor dir auf und pritsche den hochspringenden Ball mehrmals in die Luft. Fange ihn anschließend auf.

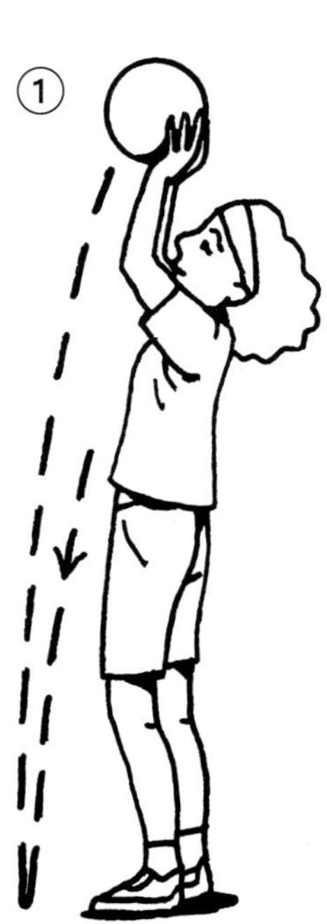

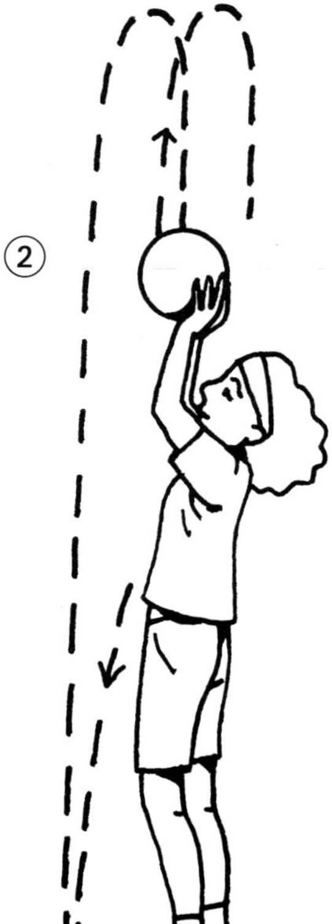

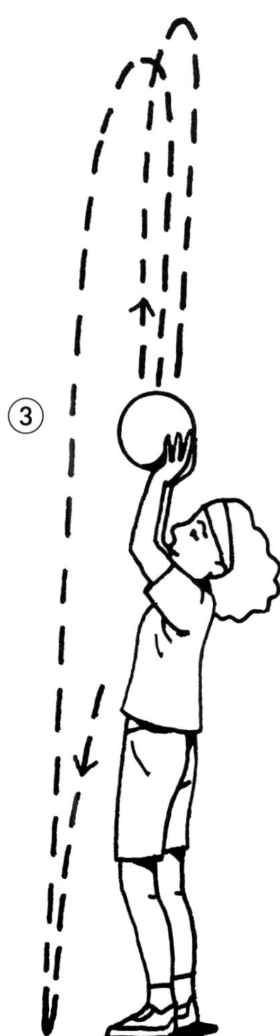

Material: 1 Volleyball

Schüleranzahl: 1

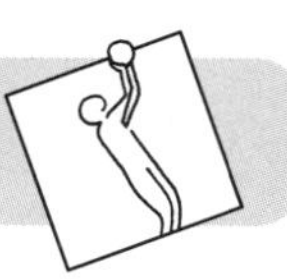

Station 3: Guten Morgen

Aufgabe:

① **Beginner:** A liegt auf dem Rücken. B wirft A den Ball von unten zu. A richtet sich auf und pritscht den Ball zurück.

② **Intermediate:** A liegt auf dem Rücken. B sitzt im Schneidersitz gegenüber und wirft A den Ball zu. A richtet sich auf und pritscht den Ball zurück.

③ **Champion:** A und B liegen sich auf dem Boden gegenüber. A und B richten sich im Wechsel auf und pritschen sich den Ball zu.

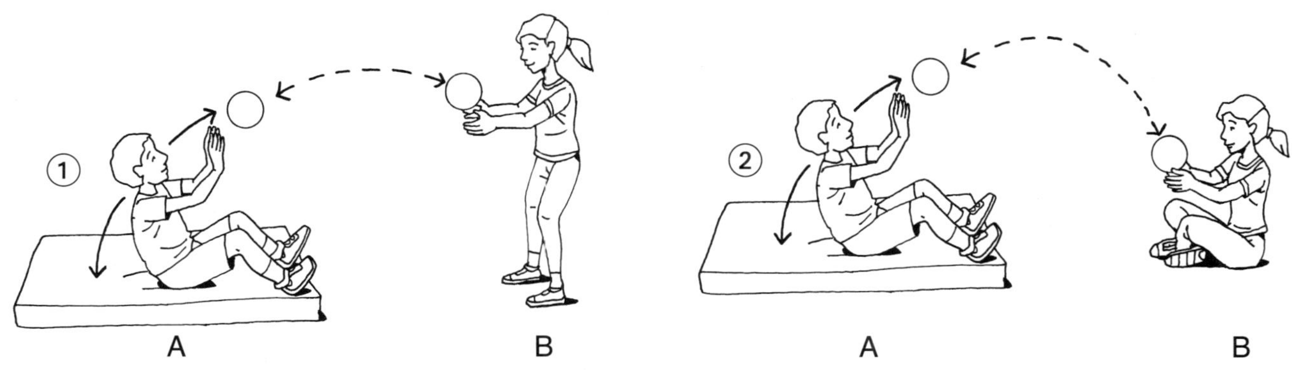

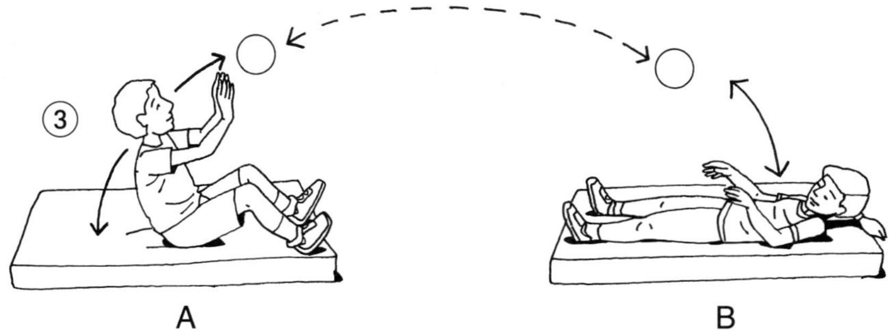

Material: 1 Volleyball pro Paar, Matten zum Unterlegen

Schüleranzahl: 2

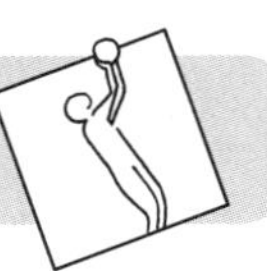

Station 4: Augen auf

Aufgabe:

① **Beginner:** A wirft B den Ball von unten zu. B pritscht den Ball in einer hohen Flugbahn zurück. A fängt den Ball.

② **Intermediate:** A wirft B den Ball von unten zu und zeigt B mit den Fingern eine Zahl von 1–5. B nennt die Zahl und pritscht gleichzeitig den Ball zu A zurück. A fängt den Ball.

③ **Champion:** A pritscht den Ball B zu und zeigt mit den Fingern eine Zahl von 1–5. B nennt die Zahl, pritscht den Ball zu A zurück und zeigt dem Partner eine Zahl, sodass A nun den Ball zu B pritscht und die entsprechende Zahl nennt.

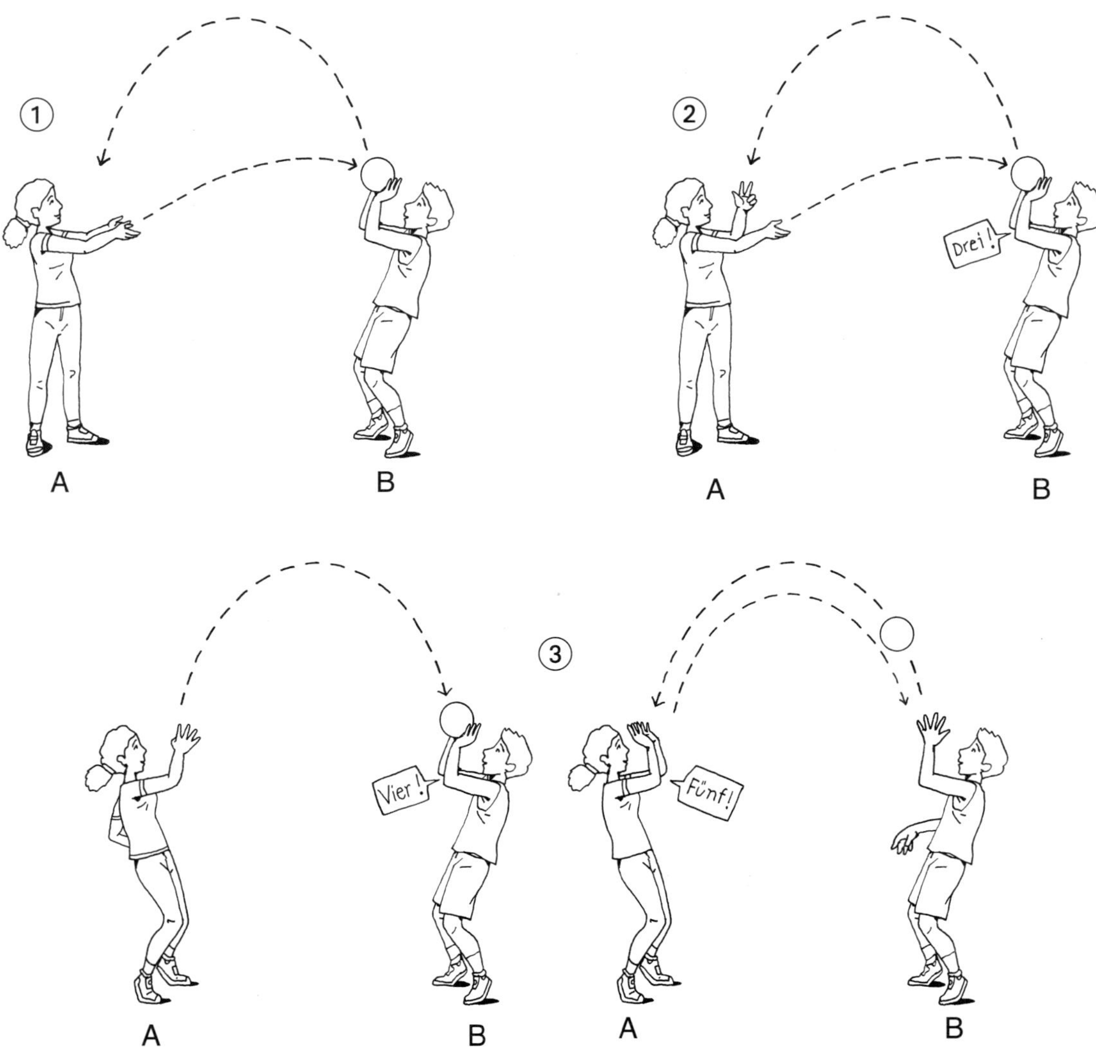

Material: 1 Volleyball pro Paar

Schüleranzahl: 2

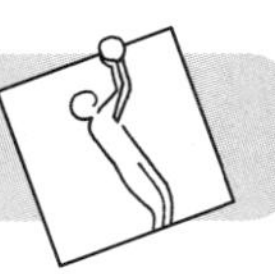

Station 5: Rundlauf am Korb

Aufgabe:

① **Beginner:** A steht links neben dem Basketballkorb und wirft der Gruppe die Bälle hoch zu. Die Teammitglieder versuchen, den Ball in den Korb zu pritschen. Nach einem Durchgang wird A durch einen anderen Schüler im Team ausgetauscht.

② **Intermediate:** A steht links neben dem Basketballkorb und prellt den Ball auf den Boden. Die Gruppenmitglieder versuchen, den hochspringenden Ball in den Korb zu pritschen. Nach einem Durchgang wird A durch einen anderen Schüler im Team ausgetauscht.

③ **Champion:** A steht links neben dem Basketballkorb und pritscht den Ball B zu. B pritscht den Ball in den Korb und ordnet sich der Position von A zu. A ordnet sich der Position von B zu. Nach einem Durchgang wird A durch einen anderen Schüler im Team ausgetauscht.

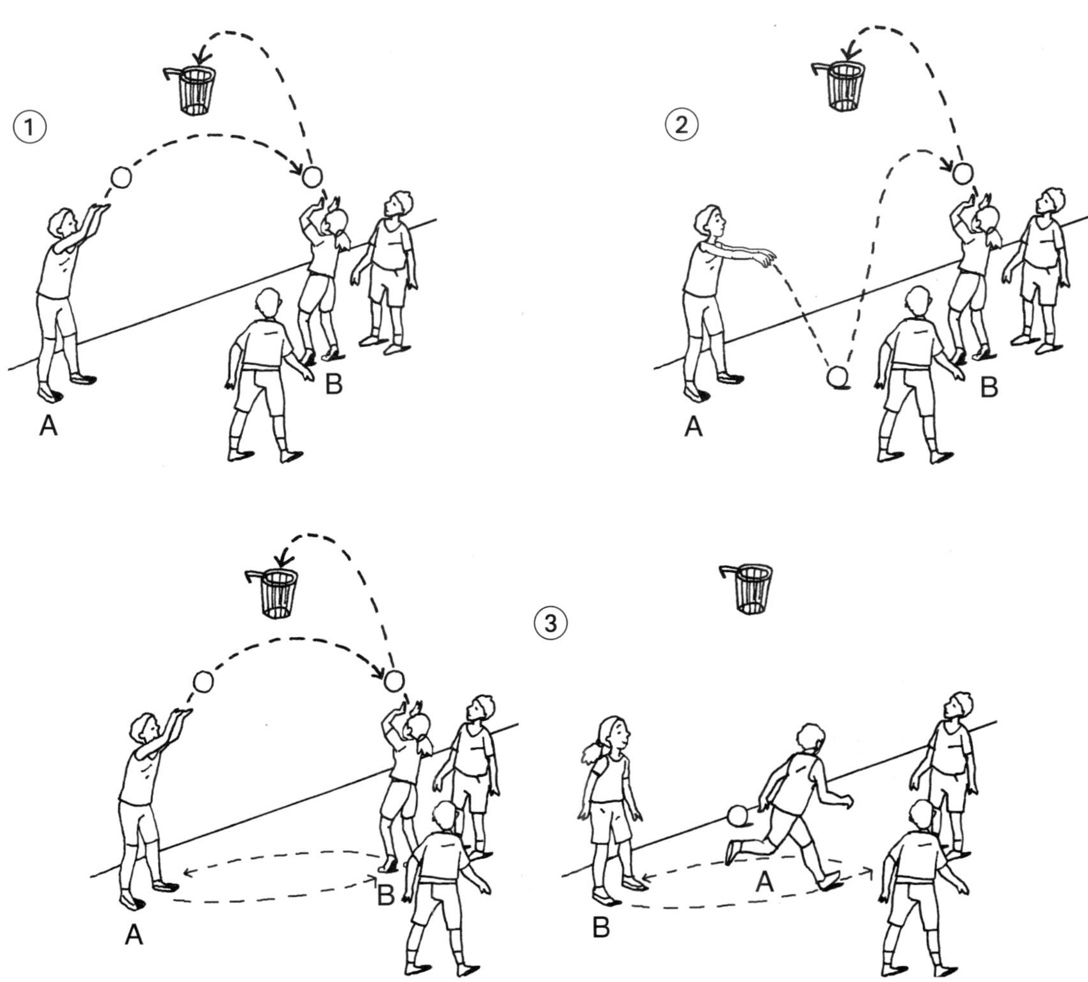

Material: 1 Basketballkorb, 1 Volleyball pro Team

Schüleranzahl: 4–8

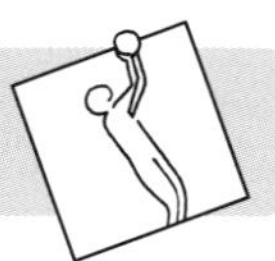

Station 6: Spielform – Zwei gegen zwei mit zwei Ballkontakten

1. Ballkontakt	Aufgabe
C, D, ①, A, Ich!, ②, ③, B	C spielt den Ball. Sobald A sieht, dass der Ball in seine Richtung kommt, ruft A laut: „Ich“, und fängt den Ball. Sobald B sieht, dass der Ball nicht in seine Richtung kommt, läuft er ans Netz.
C, D, B, ④, A	A wirft den Ball zu dem ans Netz gelaufenen Teammitglied B.
2. Ballkontakt	**Aufgabe**
C, D, ⑤, ⑥, A, B	B fängt den Ball und pritscht ihn nach eigenem Anwurf über das Netz und begibt sich zurück in die Ausgangsposition.

Material: 1 Volleyball pro Team, Volleyballnetz bzw. Zauberschnur

Schüleranzahl: 4

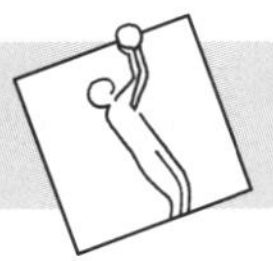

Station 7: Spielform – Zwei gegen zwei mit drei Ballkontakten

1. Ballkontakt	Aufgabe
	C spielt den Ball. Sobald A sieht, dass der Ball in seine Richtung kommt, ruft A laut: „Ich“, und fängt den Ball. Sobald B sieht, dass der Ball nicht in seine Richtung kommt, läuft er ans Netz. A wirft den Ball zu dem ans Netz gelaufenen Teammitglied B.
2. Ballkontakt	**Aufgabe**
	B wirft den Ball für A an. A geht ans Netz.
3. Ballkontakt	**Aufgabe**
	B nimmt die Ausgangsposition ein. A pritscht den Ball über das Netz und nimmt die Ausgangsposition ein.

Material: 1 Volleyball pro Team, Volleyballnetz bzw. Zauberschnur

Schüleranzahl: 4

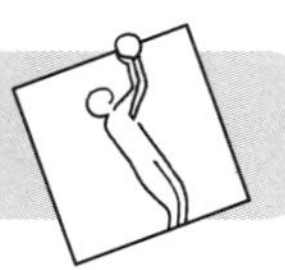

Station 8: Spielform – Drei gegen drei mit drei Ballkontakten

1. Ballkontakt	Aufgabe
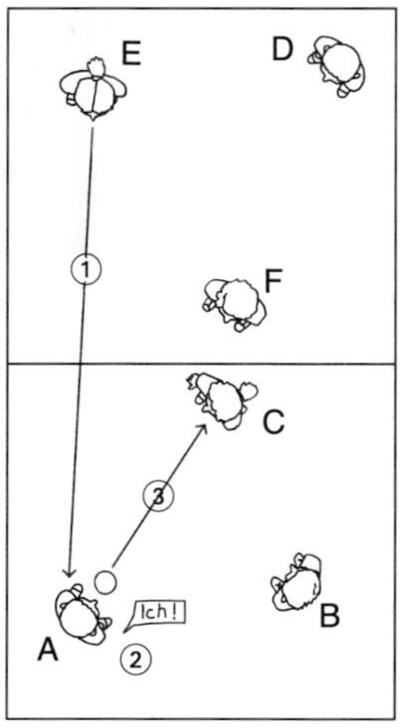	E spielt den Ball. Sobald A sieht, dass der Ball in seine Richtung kommt, ruft A laut: „Ich“. A spielt anschließend den Ball zu C.
2. Ballkontakt	**Aufgabe**
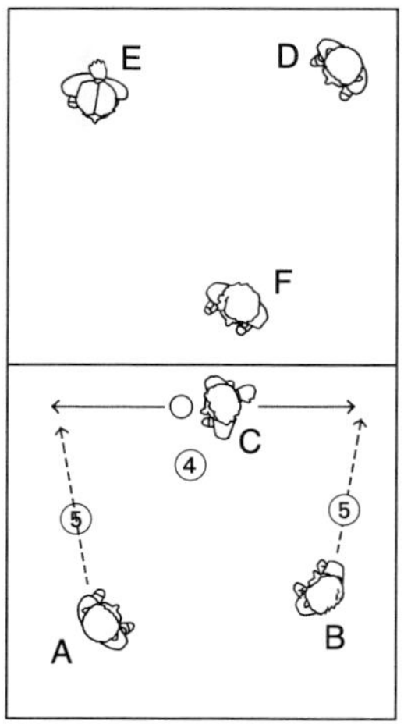	C fängt den Ball und entscheidet, ob er zu A oder B spielt. A und B gehen in Richtung Netz und beobachten C.
3. Ballkontakt	**Aufgabe**
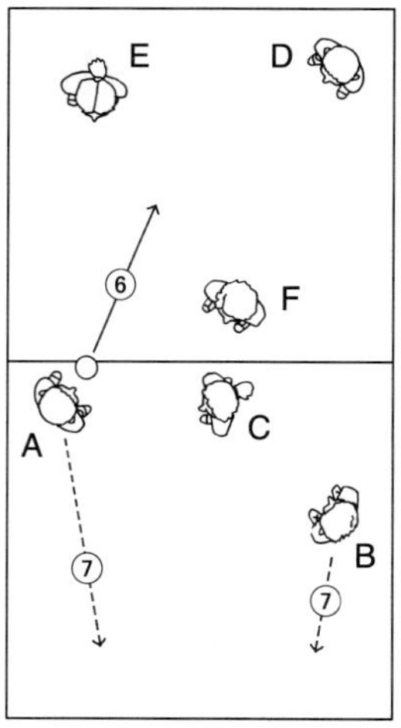	C wirft den Ball für A am Netz an, A pritscht den Ball über das Netz. A und B nehmen ihre Ausgangspositionen wieder ein.

Material: 1 Volleyball pro Team, Volleyballnetz bzw. Zauberschnur

Schüleranzahl: 6

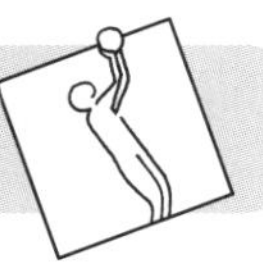

Station 7: Spielform – Zwei gegen zwei mit drei Ballkontakten

1. Ballkontakt	Aufgabe
	C spielt den Ball. Sobald A sieht, dass der Ball in seine Richtung kommt, ruft A laut: „Ich“, und fängt den Ball. Sobald B sieht, dass der Ball nicht in seine Richtung kommt, läuft er ans Netz. A wirft den Ball zu dem ans Netz gelaufenen Teammitglied B.
2. Ballkontakt	**Aufgabe**
	B wirft den Ball für A an. A geht ans Netz.
3. Ballkontakt	**Aufgabe**
	B nimmt die Ausgangsposition ein. A pritscht den Ball über das Netz und nimmt die Ausgangsposition ein.

Material: 1 Volleyball pro Team, Volleyballnetz bzw. Zauberschnur

Schüleranzahl: 4

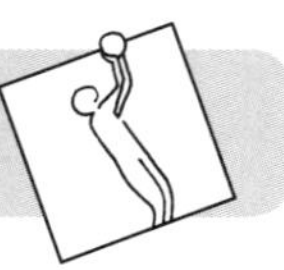

Station 8: Spielform – Drei gegen drei mit drei Ballkontakten

1. Ballkontakt	**Aufgabe**
	E spielt den Ball. Sobald A sieht, dass der Ball in seine Richtung kommt, ruft A laut: „Ich“. A spielt anschließend den Ball zu C.
2. Ballkontakt	**Aufgabe**
	C fängt den Ball und entscheidet, ob er zu A oder B spielt. A und B gehen in Richtung Netz und beobachten C.
3. Ballkontakt	**Aufgabe**
	C wirft den Ball für A am Netz an, A pritscht den Ball über das Netz. A und B nehmen ihre Ausgangspositionen wieder ein.

Material: 1 Volleyball pro Team, Volleyballnetz bzw. Zauberschnur

Schüleranzahl: 6

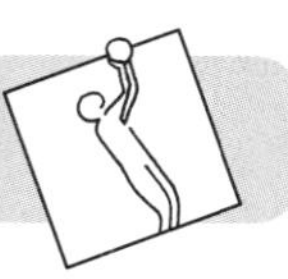

Station 9: Spielform – König der Halle

Aufgabe:

Es werden drei Teams gebildet: Team A steht zu Beginn auf der Annahmeseite (Königsseite), Team B und C mit Ball auf der Aufschlagseite. Team C wartet dabei hinter der Grundlinie des Aufschlagfeldes.

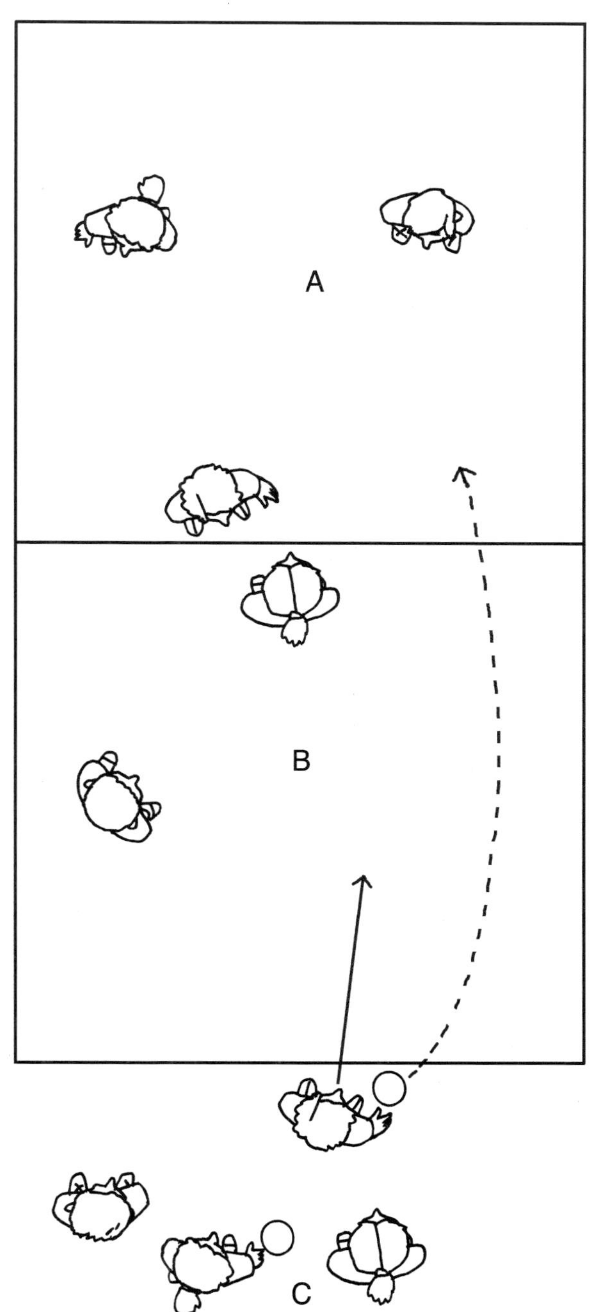

Sobald Team A durch einen Fehler den Ball verliert, holt es den verlorenen Ball und stellt sich an der Aufschlagseite an.

Das aufschlagende Team B wechselt nun auf die Annahmeseite, wo es den Platz von Team A einnimmt. Team C rückt in das Feld vor, auf dem zuvor Team B gespielt hat, und wird zur aufschlagenden Mannschaft des folgenden Durchgangs.

Es zählen nur die Ballwechsel als Punkt, die das jeweilige Team auf der Königsseite macht.

Material: 2 Volleybälle, pro Feld drei Teams, Volleyballnetz bzw. Zauberschnur

Schüleranzahl: mindestens 9

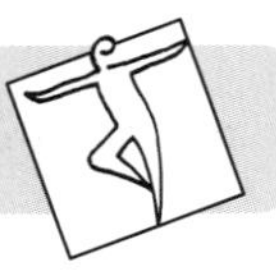

Station 10: Spielform – Kaiserturnier

Aufgabe:

Es wird „Zwei gegen zwei“ auf Zeit (vier Minuten) gespielt bei zentralem An- und Abpfiff. Ziel des Spiels ist es, das Kaiserfeld, das an einem der beiden Hallenenden liegt, zu erreichen und sich dort zu halten. Die Mannschaften spielen auf Kleinfeldern gegeneinander. Das Siegerteam steigt jeweils ein Feld auf in Richtung Kaiserfeld, das Verliererteam jeweils ein Feld ab. Das Team, das auf dem Kaiserfeld gewinnt, bleibt dort. Es erfolgen mehrere Spieldurchgänge.

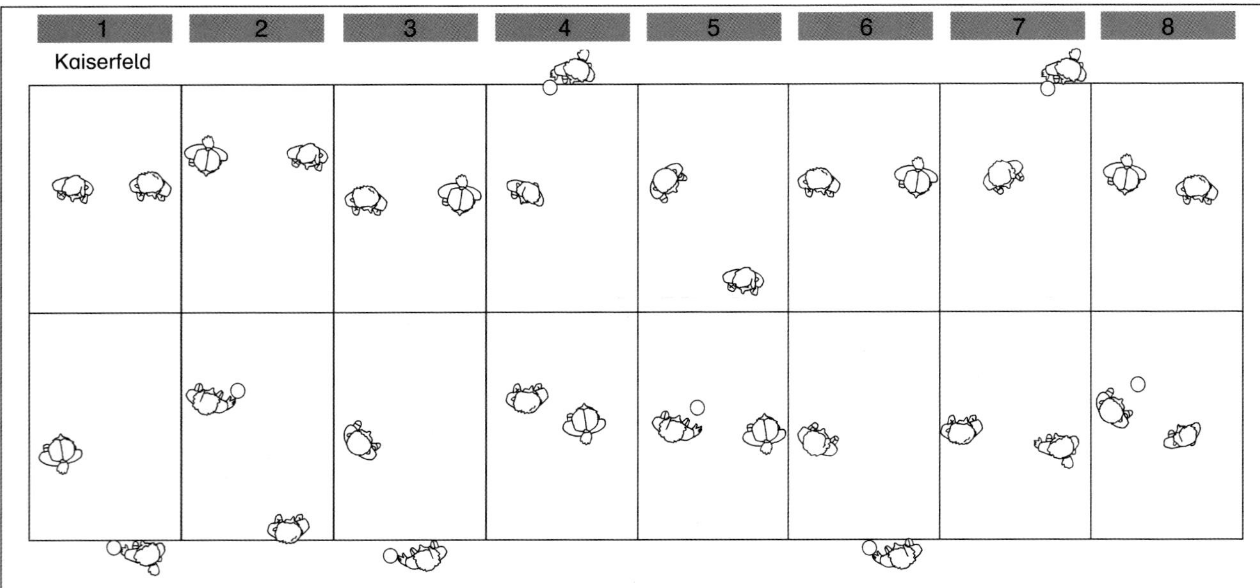

Material: 1 Volleyball pro Team, Volleyballnetz bzw. Zauberschnur, pro Team zwei Mitglieder

Schüleranzahl: 4

A. Schmidt-Größer/M. Jobst/F. Moog: Volleyball und Basketball am Gymnasium

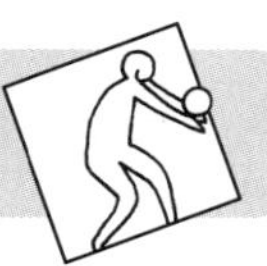

Technik-Überblick

① 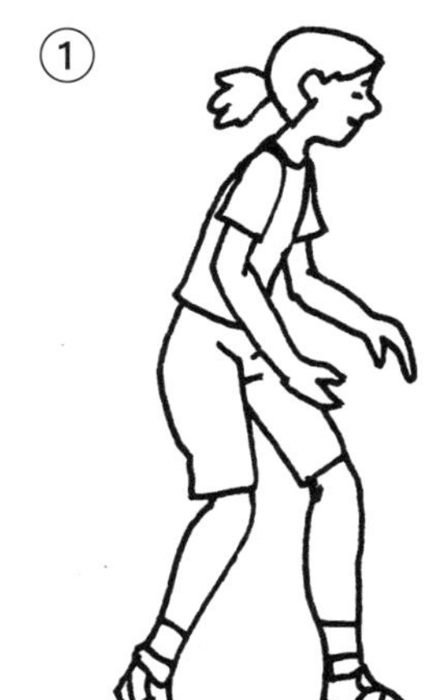

② 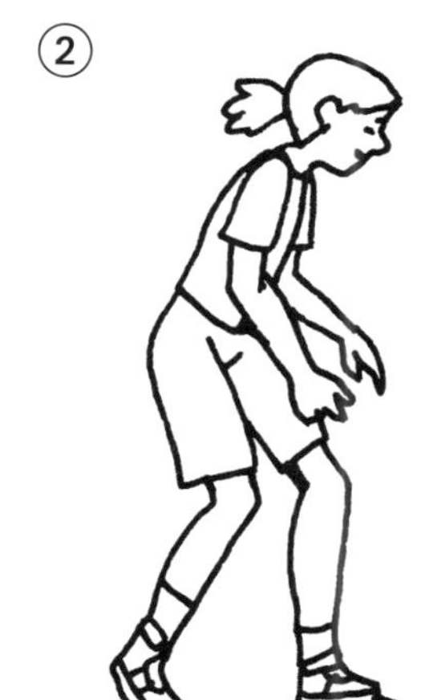

③ 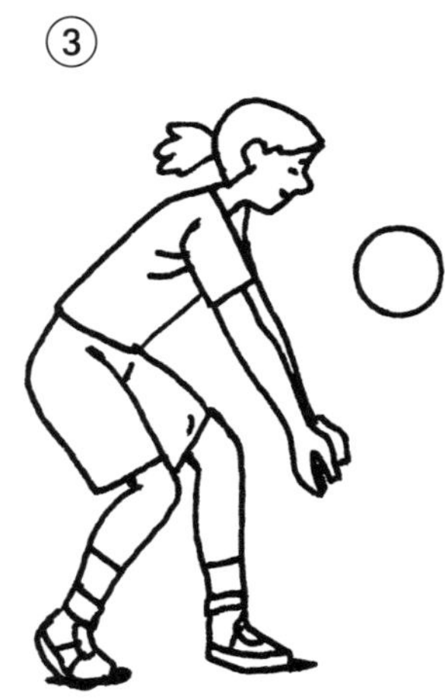

Aktive Grundstellung: ①
Füße schulterbreit stellen
Knie leicht beugen
Gewicht auf die Fußballen verlagern
Oberkörper leicht nach vorn neigen
Arme vor dem Körper halten

Bewegung zum Ball: ② bis ③
Hände ineinanderlegen (Daumen parallel)
Oberkörper nach vorn neigen
Arme im rechten Winkel zum Oberkörper halten
Arme zu einem „Spielbrett" nach vorne-oben strecken

④ 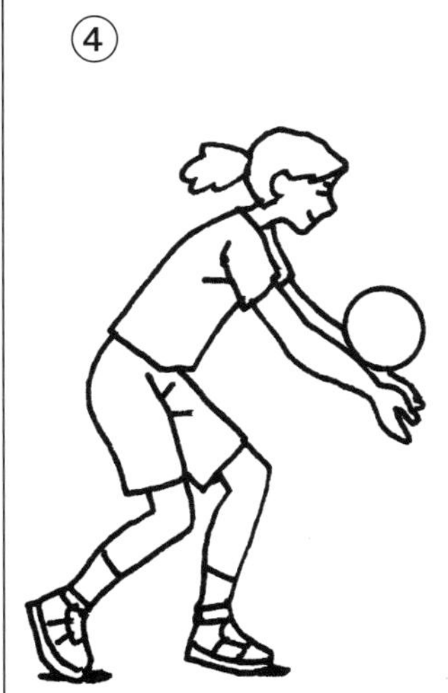

⑤ 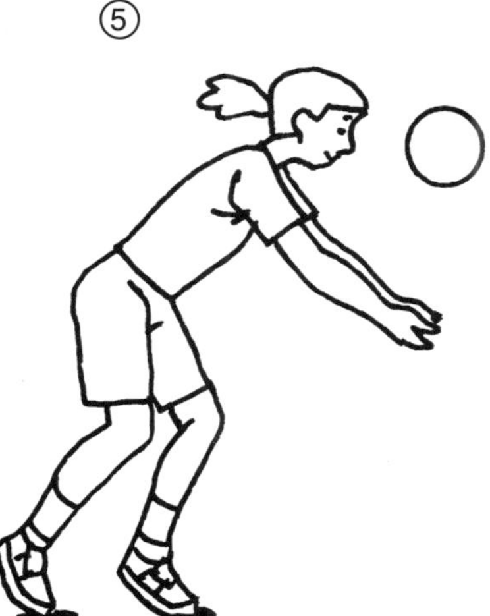

⑥ 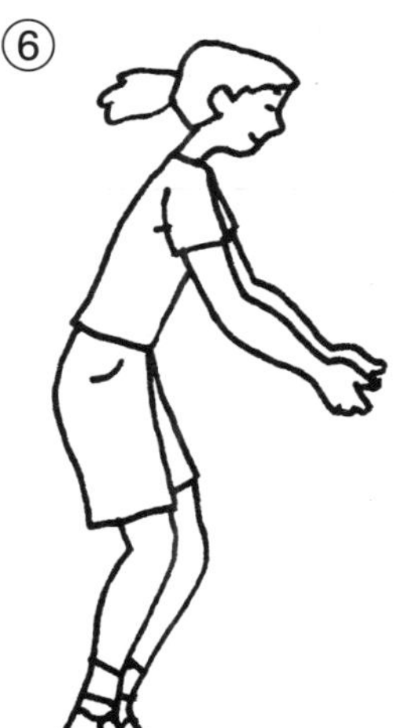

⑦ 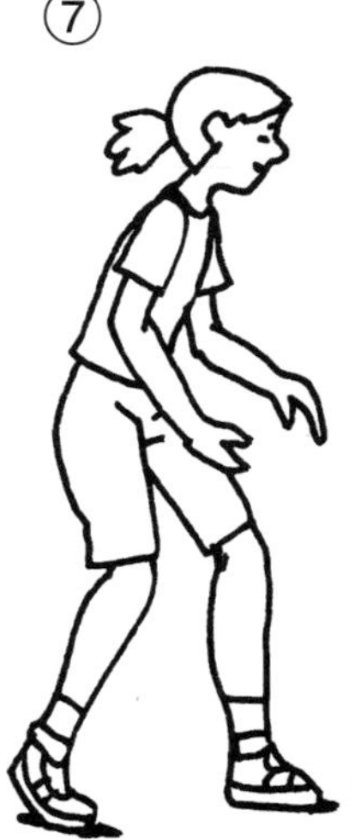

Streckung zum Ball: ④ bis ⑥
Unterarme treffen den Ball
Ball aus der Streckung der Beine spielen

Spielbereit sein: ⑦
Knie leicht beugen
Arme vor dem Körper halten

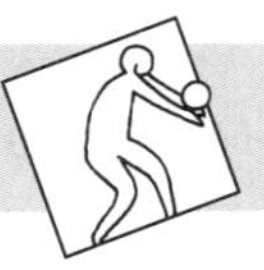

Kompetenzraster Unteres Zuspiel

Name: ______________________ Klasse: ______________

Coaching-Team: ______________________ Datum: ______________

	😀	🙂	😐	🙁	**Das muss ich noch üben**
1. Nimmt der Spieler die korrekte Ausgangsposition ein?					
Füße schulterbreit?					
Knie leicht gebeugt?					
Gewicht auf den Fußballen?					
Oberkörper leicht nach vorn geneigt?					
Arme vor dem Körper?					
2. Wie bereitet der Spieler die Ballannahme vor?					
Hände ineinandergelegt?					
Daumen parallel?					
Oberkörper leicht nach vorne geneigt?					
Arme im rechten Winkel (ca. 90 °) zum Oberkörper?					
Arme anschließend gestreckt?					
Zeigt das Spielbrett nach vorne-oben?					
3. Wie spielt der Spieler den Ball?					
Ball aus der Streckung der Beine gespielt?					
Ball mit den Unterarmen getroffen?					
4. Wie bewegt sich der Spieler nach dem Spielen des Balls?					
Spielbereite Position eingenommen?					
Knie leicht gebeugt?					
Arme vor dem Körper?					

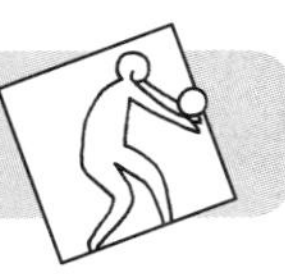

Station 1: Hoch den Ball

Aufgabe:

① **Beginner:** A wirft den Ball von unten in einem hohen Bogen über das Netz, B steht auf der anderen Seite des Netzes, baggert den Ball in die Höhe und fängt ihn auf.

② **Intermediate:** A wirft den Ball von unten in einem hohen Bogen über das Netz, B steht auf der anderen Seite des Netzes und baggert den Ball zu A zurück.

③ **Champion:** A pritscht den Ball über das Netz zu B. B baggert den Ball zu A zurück.

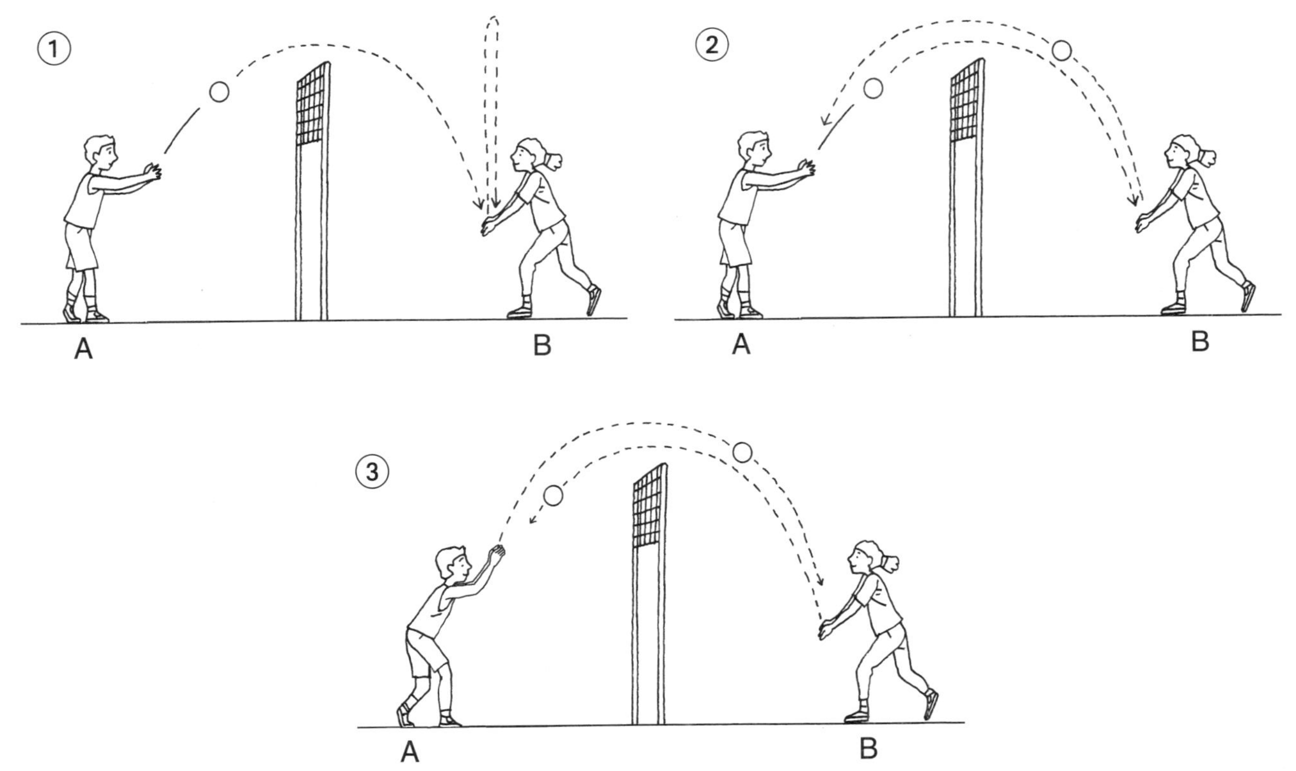

Material: 1 Volleyball pro Team, Volleyballnetz bzw. Zauberschnur

Schüleranzahl: 2

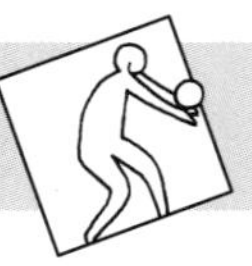

Station 2: Aufstehen

Aufgabe:

① **Beginner:** A wirft den Ball von unten in einem hohen Bogen B zu. B sitzt auf der Bank und baggert den Ball im Aufstehen hoch.

② **Intermediate:** A wirft den Ball von unten in einem hohen Bogen B zu. B sitzt auf der Bank und baggert den Ball im Aufstehen zu A zurück.

③ **Champion:** A pritscht den Ball B zu. B sitzt auf der Bank und baggert den Ball zu A zurück.

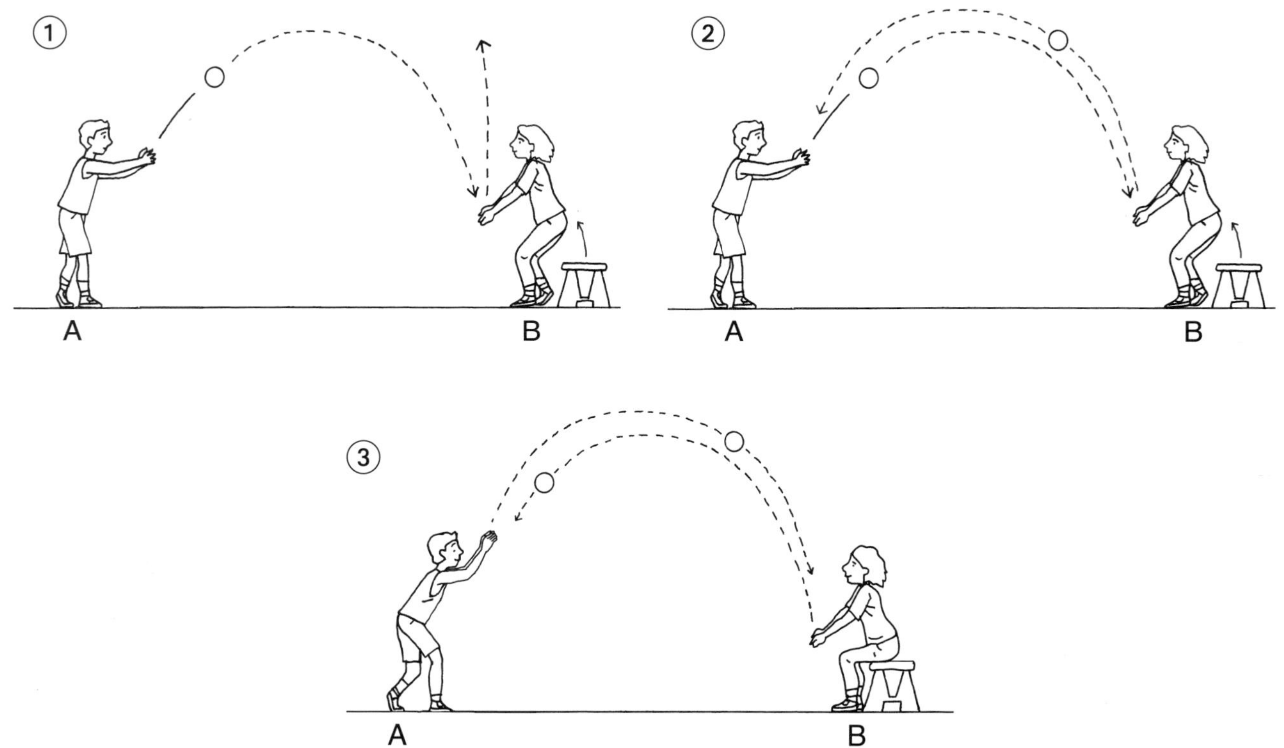

Material: 1 Volleyball pro Team, Bank/Kastenteil o. Ä.

Schüleranzahl: 2

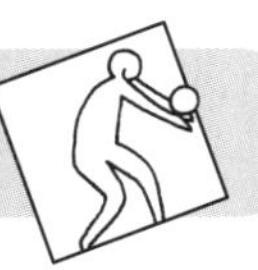

Station 3: Schiebe den Ball

Aufgabe:

① **Beginner:** A wirft B den Ball von unten in einem hohen Bogen zu. B sitzt im Grätschsitz auf dem Boden und baggert den Ball zurück zu A.

② **Intermediate:** A wirft B den Ball von unten in einem hohen Bogen zu. B steht vor einem Kasten, beim Anflug des Balles geht B kurz in die Hocke, berührt den Kasten und baggert im Aufstehen den Ball zurück zu A.

③ **Champion:** A pritscht B den Ball zu. B baggert ihn zurück. A pritscht erneut zu B. Während der Übung zählen die Partner, wie oft sie diese Kombination schaffen.

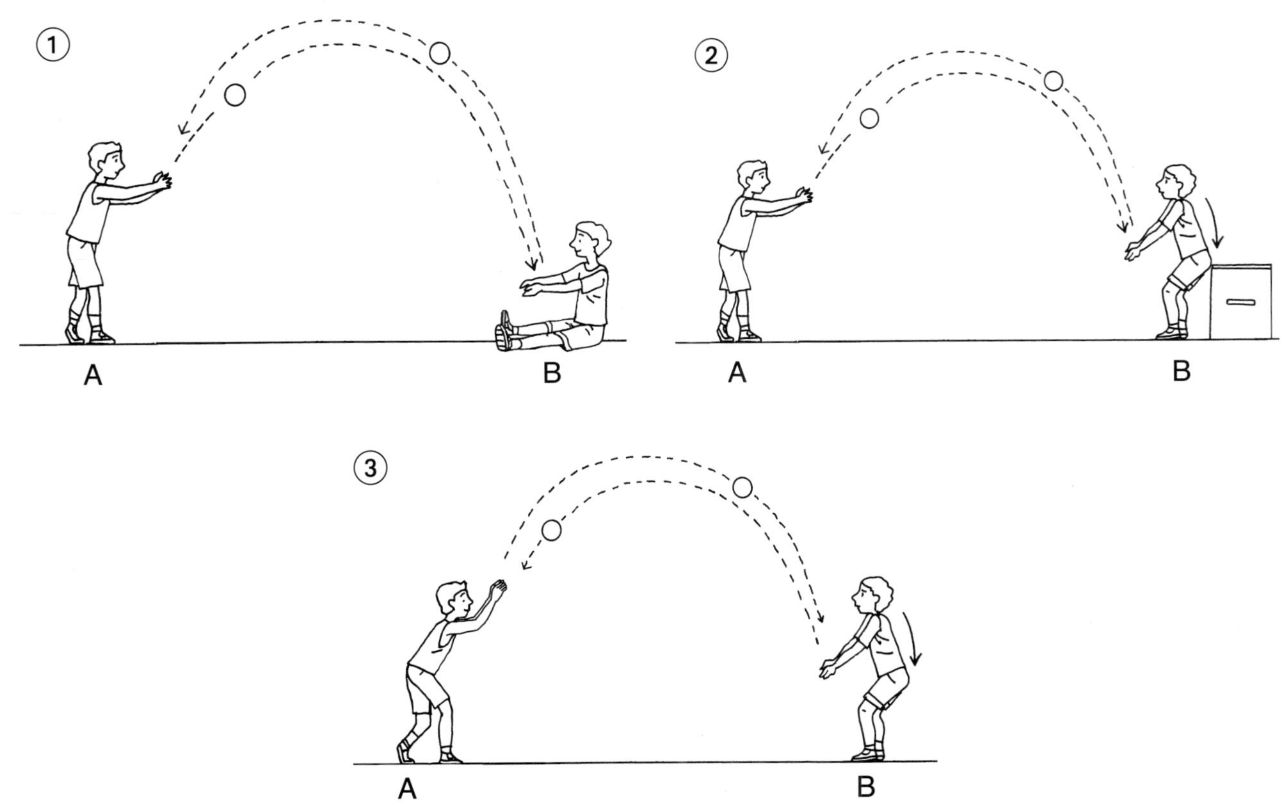

Material: 1 Volleyball pro Team, Kasten

Schüleranzahl: 2

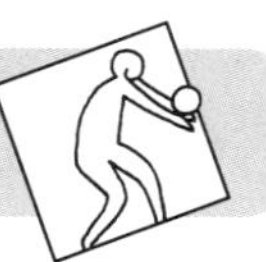

Station 4: Korbbaggern

Aufgabe:

① **Beginner:** A steht rechts neben dem Basketballkorb und wirft B den Ball von unten in einem hohen Bogen zu, B versucht, in den Korb zu baggern. C fängt den Ball auf. Die Positionen rotieren.

② **Intermediate:** A steht rechts neben dem Basketballkorb und prellt den Ball fest auf den Boden. B versucht, den aufgesprungenen Ball in den Basketballkorb zu baggern, C fängt den Ball auf. Die Positionen rotieren.

③ **Champion:** A steht rechts neben dem Basketballkorb und pritscht B den Ball zu. B versucht, den Ball in den Korb zu baggern, C fängt den Ball auf. Die Positionen routieren.

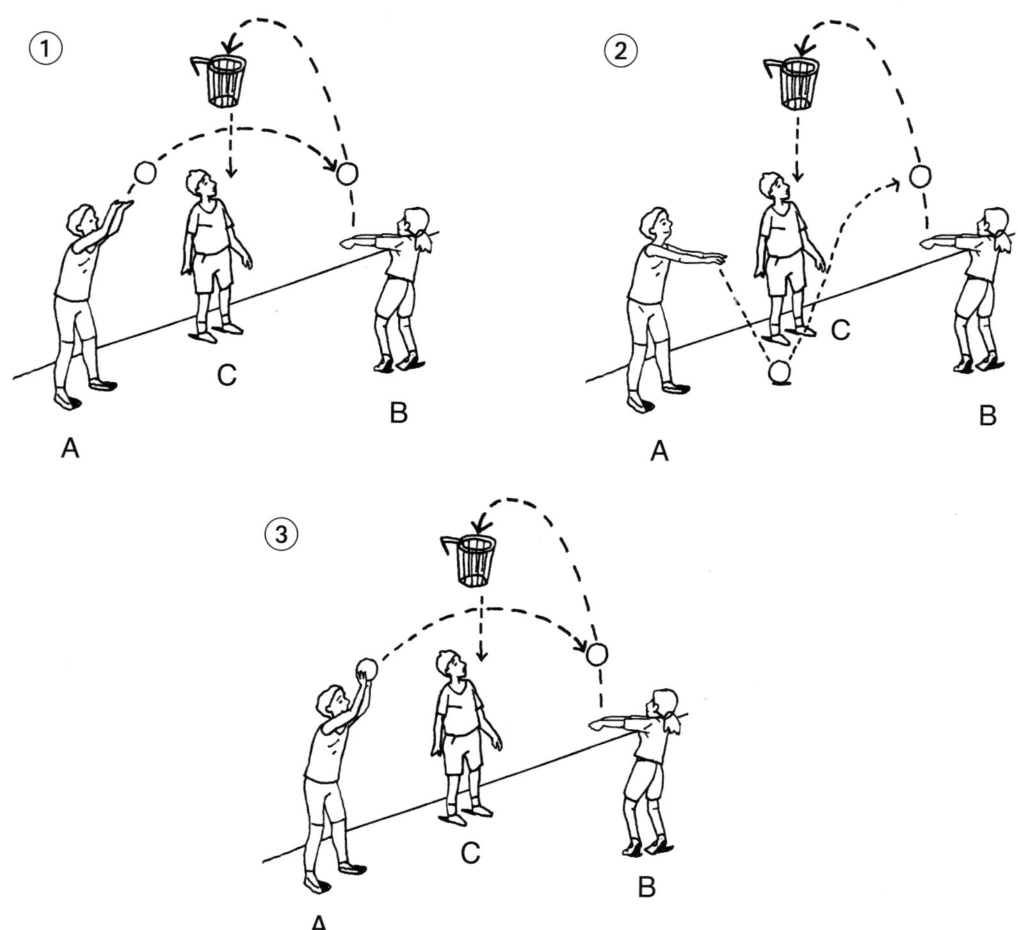

Material: 1 Volleyball pro Dreierteam, Basketballkorb

Schüleranzahl: 3

A. Schmidt-Größer/M. Jobst/F. Moog: Volleyball und Basketball am Gymnasium

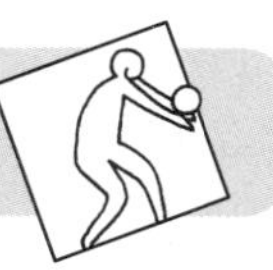

Station 5: Haltet den Ball hoch (Rundlauf)

Aufgabe:

① **Beginner:** Je drei Spieler stehen sich in etwa drei Metern Entfernung gegenüber. A1 wirft den Ball von unten in hohem Bogen zu B1. Dieser baggert den Ball zu A2 zurück, der den Ball fängt und ihn erneut für B2 anwirft. A1 und B1 laufen ihrem Ball hinterher und stellen sich in der gegenüberliegenden Gruppe hinten an.

② **Intermediate:** Je drei Spieler stehen sich in etwa drei Metern Entfernung gegenüber. A1 pritscht den Ball zu B1, dieser baggert den Ball zu A2 zurück. Dieser fängt den Ball und pritscht ihn erneut für B2 an. A1 und B1 laufen ihrem Ball hinterher und stellen sich in der gegenüberliegenden Gruppe hinten an.

③ **Champion:** Je drei Spieler stehen sich in etwa drei Metern Entfernung gegenüber. A1 pritscht den Ball zu B1, dieser baggert den Ball zu A2. Dieser pritscht den Ball zu B2 usw. Die Spieler laufen immer ihrem Ball hinterher und stellen sich an der anderen Gruppe hinten an. Die Spieler zählen während des Spiels die Zahl der Ballkontakte und versuchen, eine möglichst hohe Zahl zu erreichen.

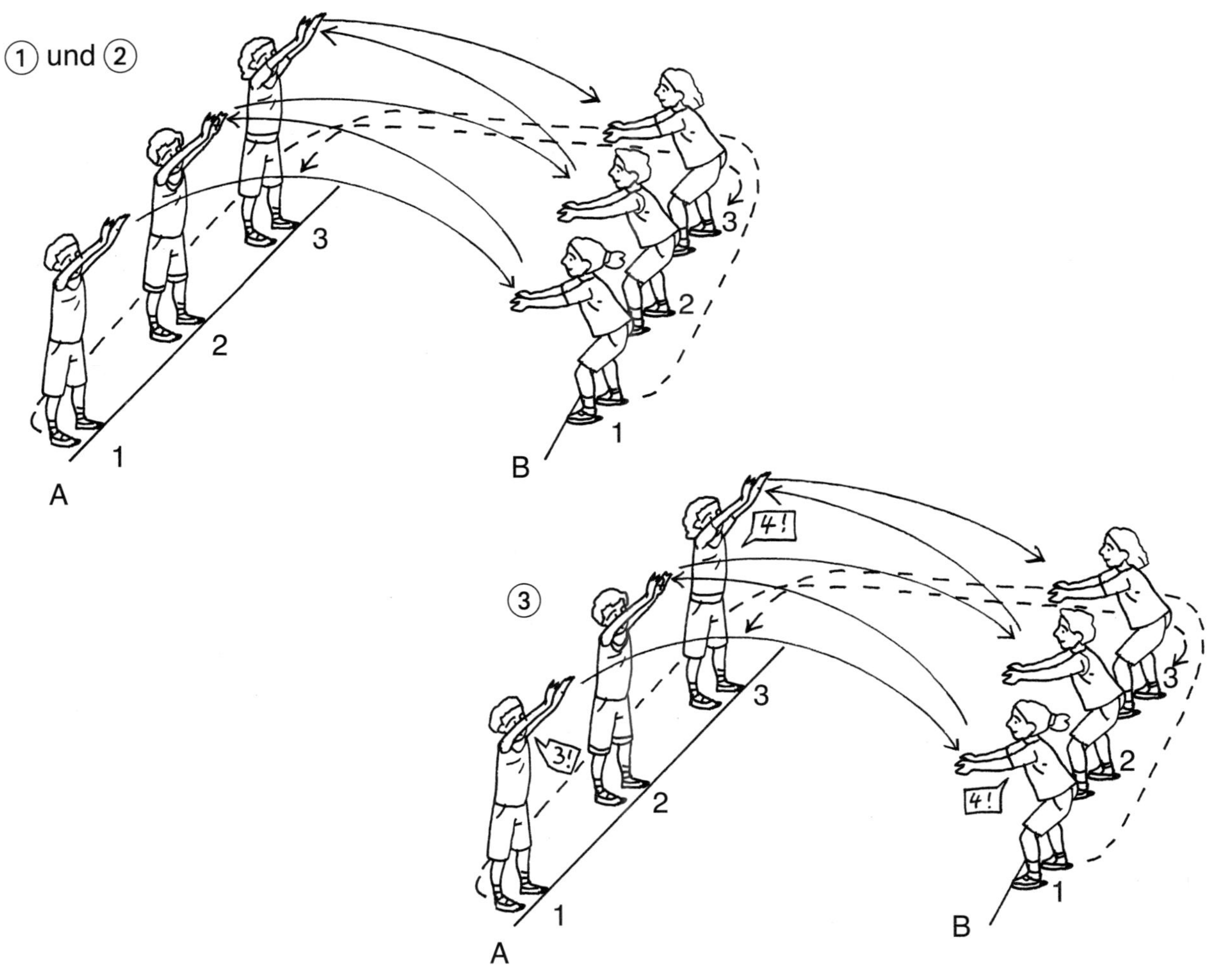

Material: 1 Volleyball pro Sechserteam

Schüleranzahl: 6

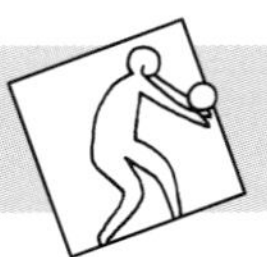

Station 6: Baggernachlauf

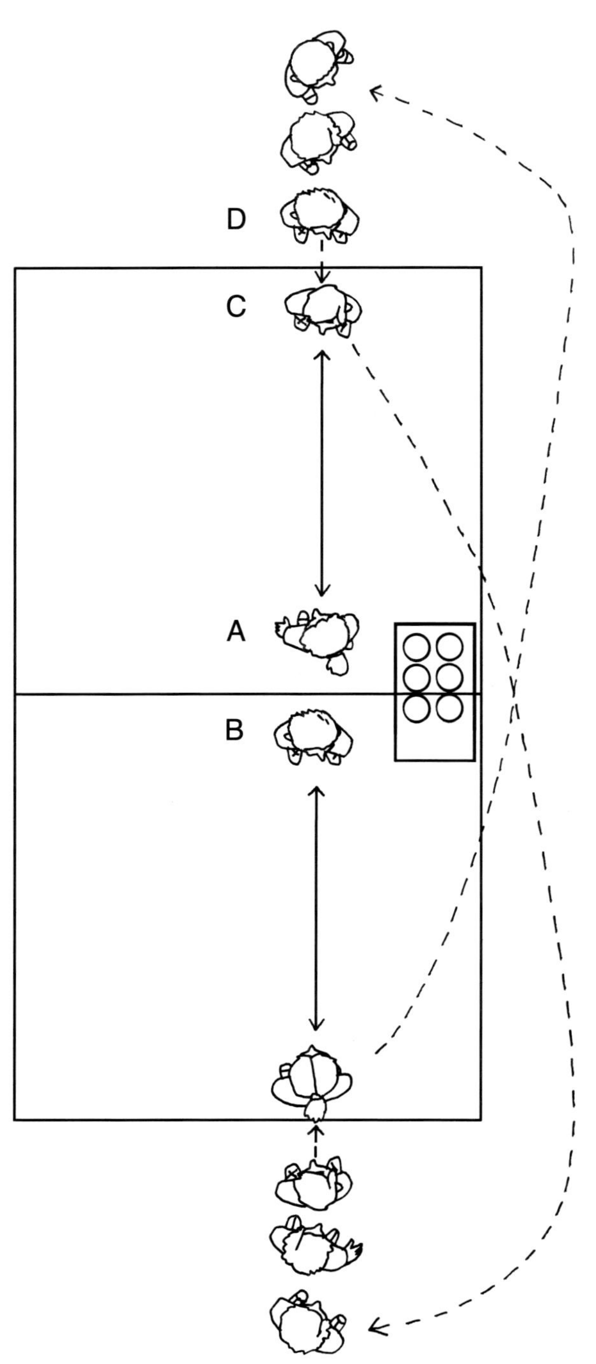

Aufgabe:

Teammitglied A und B halten jeweils einen Ball. A wirft zu C. C baggert zu A. C läuft zur gegenüberliegenden Seite und stellt sich dort hinter der Gruppe an. Nachdem A den Ball gefangen hat, läuft D in das Feld. A wirft den Ball zu D. Für A steht ein Kasten mit Bällen bereit, damit A nicht jedem verspielten Ball nachlaufen muss. Auf der Seite, auf der B steht, erfolgt derselbe Ablauf.

Material: mehrere Volleybälle, kleiner Kasten, Volleyballnetz bzw. Zauberschnur

Schüleranzahl: 6–8

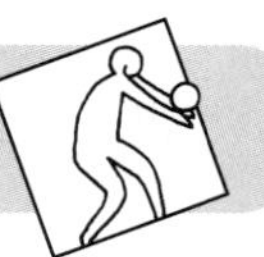

Station 7: Baggerwettkampf

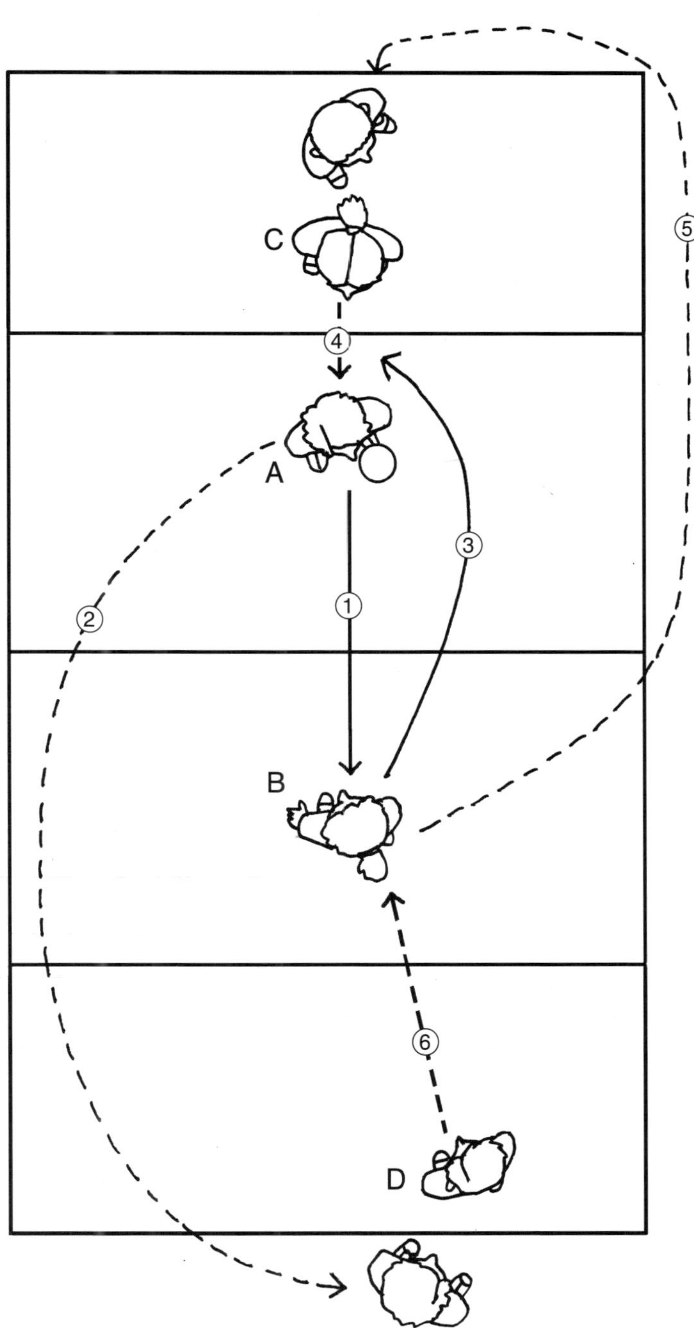

Aufgabe:

A wirft sich den Ball an, baggert über das Netz zu B und läuft auf die gegenüberliegende Seite. B baggert zurück auf den Platz, der jetzt von C eingenommen wurde, und läuft auf die ihm gegen überliegende Seite. Wird ein Fehler begangen, erhält das jeweilige Teammitglied einen Strafpunkt, muss eine Zusatzaufgabe ausführen und darf dann wieder mitspielen. Ziel der Übung ist es, nach einer vorgegebenen Zeit die wenigsten Strafpunkte zu haben.

Material: 1 Volleyball, Volleyballnetz bzw. Zauberschnur

Schüleranzahl: 4–6

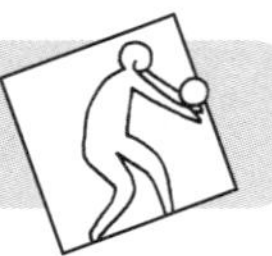

Station 8: Baggerrundlauf

Aufgabe:

Die Halle wird in Kleinfelder unterteilt. In jedem Spielfeld spielen Dreier-Teams. B pritscht den Ball zu A auf der eigenen Spielfeldseite. A baggert den Ball zu B, B anschließend über das Netz zu E. B übernimmt danach die Position von A. A stellt sich innerhalb seines Teams hinten an, der freie Spieler rückt nach. Auf der Gegenseite nimmt E den Ball an und pritscht ihn zu D auf der eigenen Spielfeldseite. Es erfolgt derselbe Ablauf. Ziel der Aufgabe für jedes Team ist es, die wenigsten Fehler zu machen.

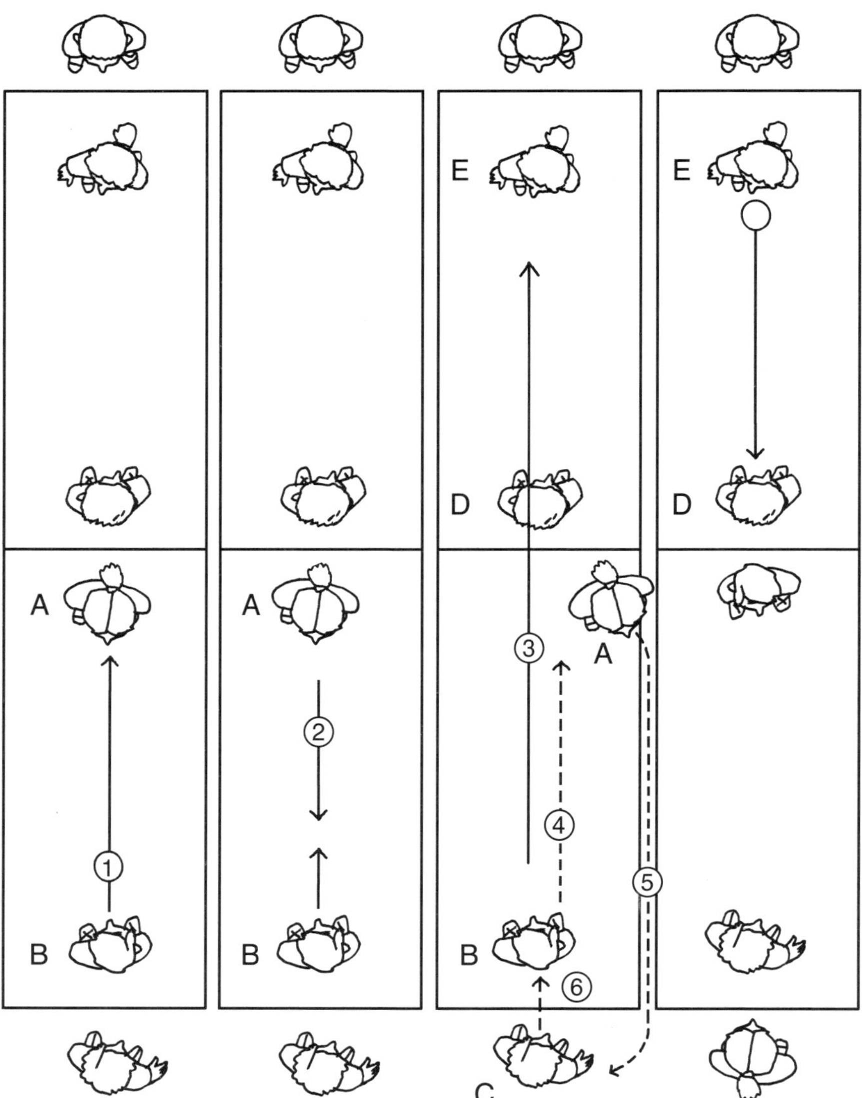

Material: 1 Volleyball pro Sechserteam, Volleyballnetz bzw. Zauberschnur

Schüleranzahl: 6

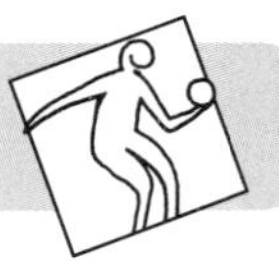

Technik-Überblick

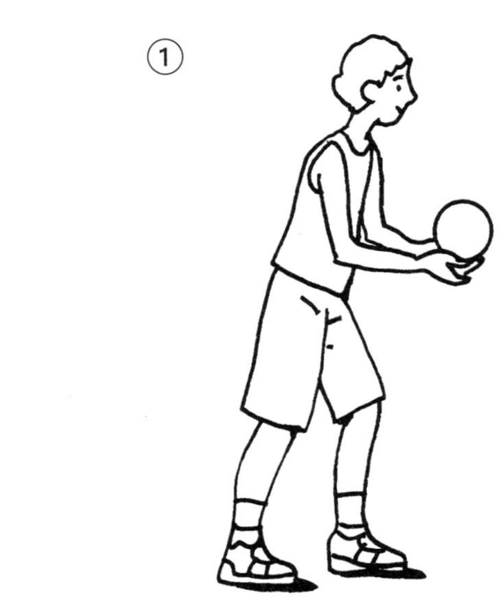

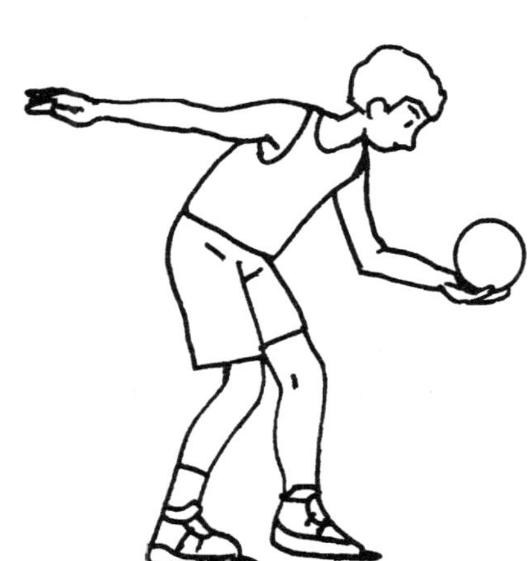

Vorbereitung: ①
Füße hüftbreit setzen
Schrittstellung: linker Fuß vorn
Knie leicht gebeugt
Ball vor den Körper halten

Ausholbewegung: ②
Knie und Hüfte beugen
Schlagarm gestreckt zurückführen

③

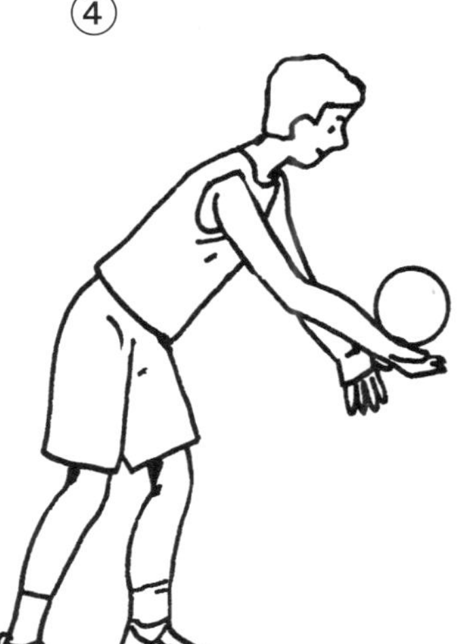

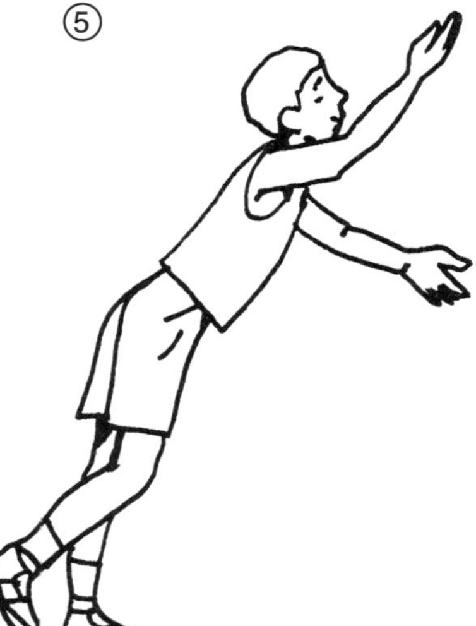

Schlagbewegung: ③ bis ④
Schlagbewegung erfolgt aus der Hüfte
Schlagarm lang lassen
Ball mit fester Hand treffen

Ausschwingen: ⑤
Schlagarm nach vorn ausschwingen lassen

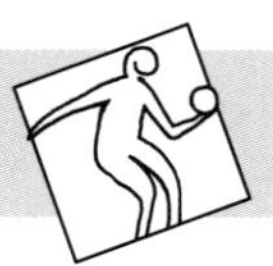

Kompetenzraster Angabe von unten

Name: ______________________ Klasse: ______________

Coaching-Team: ______________________ Datum: ______________

	☺ (sehr gut)	☺	😐	☹	**Das muss ich noch üben**
1. Nimmt der Spieler die korrekte Ausgangsposition ein?					
Füße hüftbreit?					
Linker Fuß vorn?					
Knie leicht gebeugt?					
Ball vor dem Körper?					
2. Wie bereitet der Spieler die Ballangabe vor?					
Knie und Hüfte gebeugt?					
Schlagarm gestreckt zurückgeführt?					
3. Wie spielt der Spieler den Ball?					
Schlagbewegung aus der Hüfte?					
Schlagarm lang gelassen?					
Ball mit fester Hand getroffen?					
Schlagarm nach oben vorne ausschwingend?					
4. Wie verhält sich der Spieler nach dem Spielen des Balls?					
Spielbereite Position eingenommen?					
Knie leicht gebeugt?					
Arme vor dem Körper?					

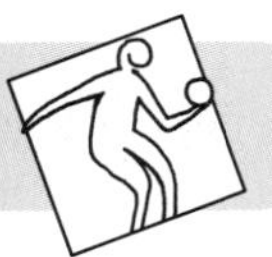

Station 1: Schlag den Ball (1)

Aufgabe:

① **Beginner:** Spiele den Ball mit einem Aufschlag von unten an die Wand.

② **Intermediate:** Spiele den Ball mit einem Aufschlag von unten an die Wand und vergrößere nach jedem Durchgang die Entfernung zur Wand.

③ **Champion:** Spiele den Ball mit einem Aufschlag von unten auf gekennzeichnete Ziele an der Wand. Vergrößere den Abstand nach jedem erfolgreichen Durchgang.

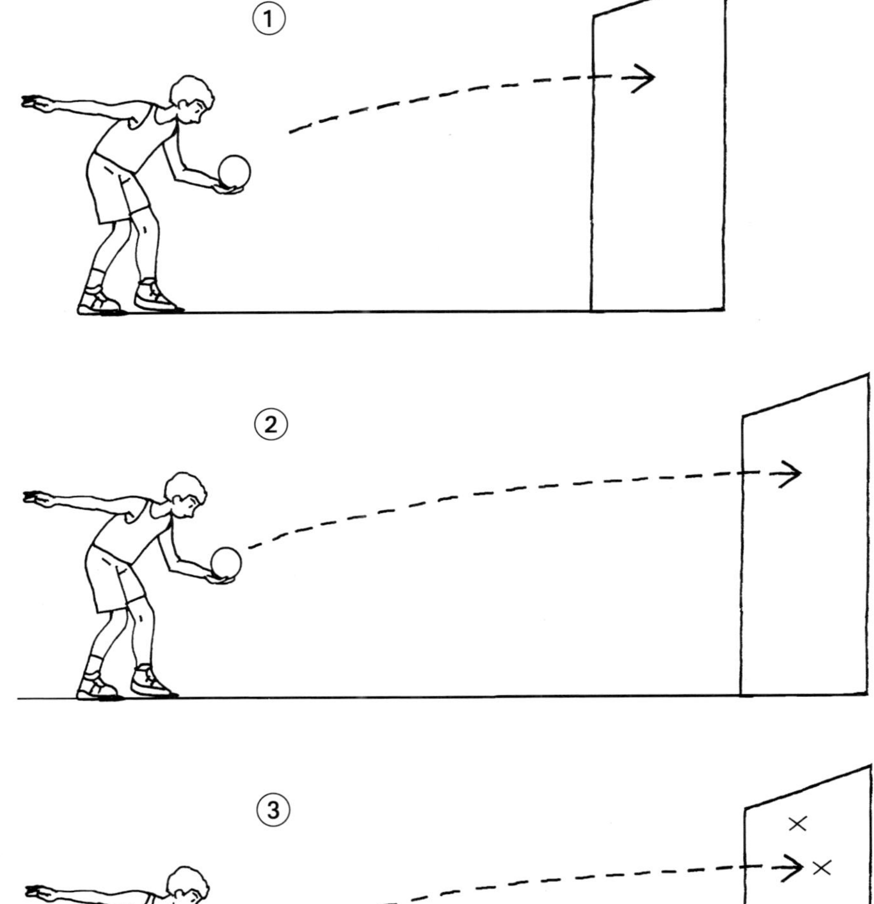

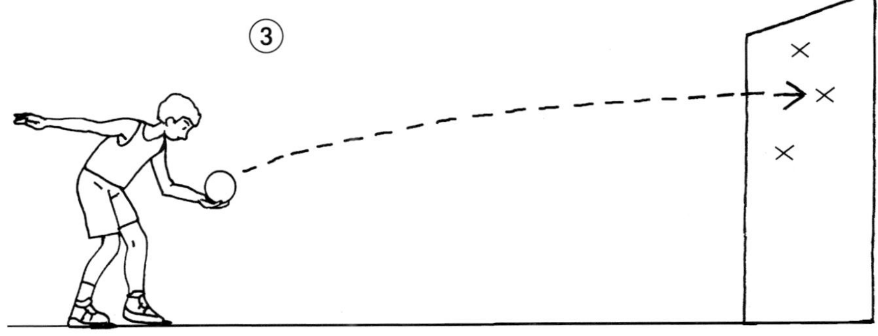

Material: 1 Volleyball, Zielscheiben (Zeitungspapier), Klebeband

Schüleranzahl: 1

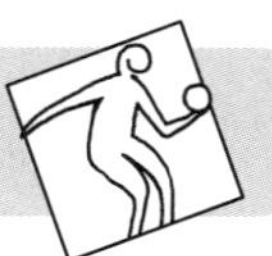

Station 2: Die Wand – mein Gegner

Aufgabe:

① **Beginner:** A spielt den Ball mit Aufschlag von unten gegen die Wand. B fängt den Ball und führt den Aufschlag durch.

② **Intermediate:** A spielt den Ball mit Aufschlag von unten gegen die Wand. B nimmt den Ball durch Baggern an und fängt ihn anschließend. Nun führt B den Aufschlag durch.

③ **Champion:** A spielt den Ball mit Aufschlag von unten gegen die Wand. B nimmt den Ball durch Baggern an und spielt den Ball zurück gegen die Wand. A nimmt den Ball mit Baggern an und spielt den Ball über die Wand zurück zu B.

①
A
B

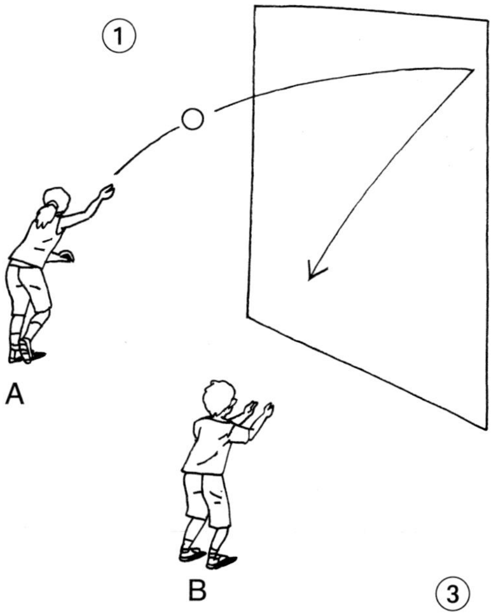

②
A
B

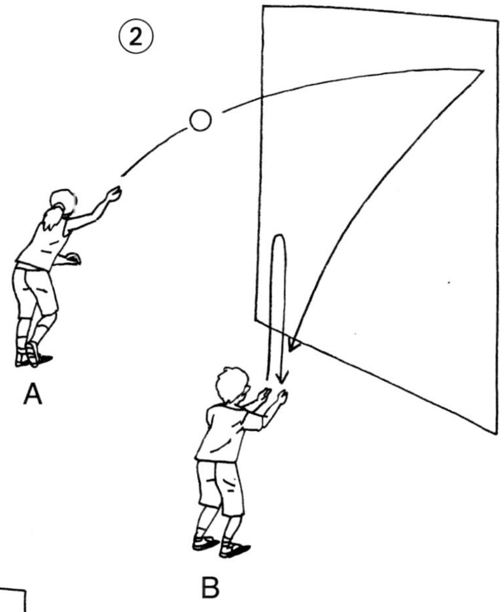

③
A
B

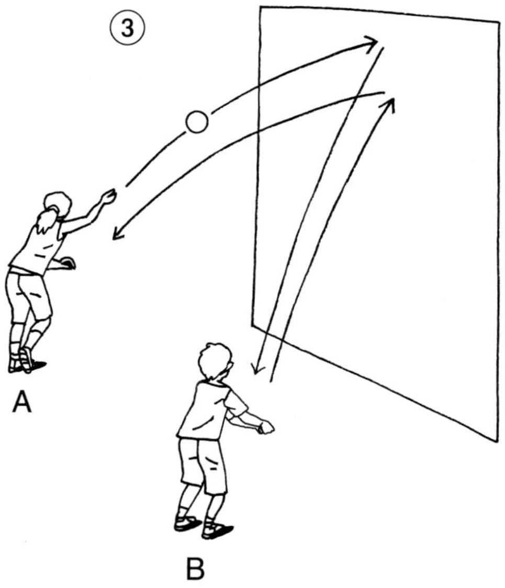

Material: 1 Volleyball pro Paar

Schüleranzahl: 2

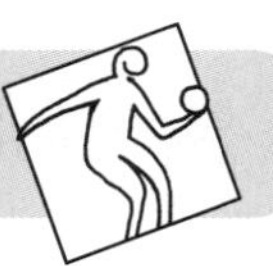

Station 3: Triff den Korb

Aufgabe:

① **Beginner:** Spiele den Ball mit einem Aufschlag von unten gegen das Basketballbrett.

② **Intermediate:** Spiele den Ball mit dem Aufschlag von unten gegen das Basketballbrett. Vergrößere den Abstand zwischen deiner Aufschlagposition und dem Brett.

③ **Champion:** Spiele den Ball mit einem Aufschlag von unten in das auf dem Basketballbrett eingezeichnete Zielfeld. Versuche danach, den Ring bzw. das Netz des Korbes zu treffen.

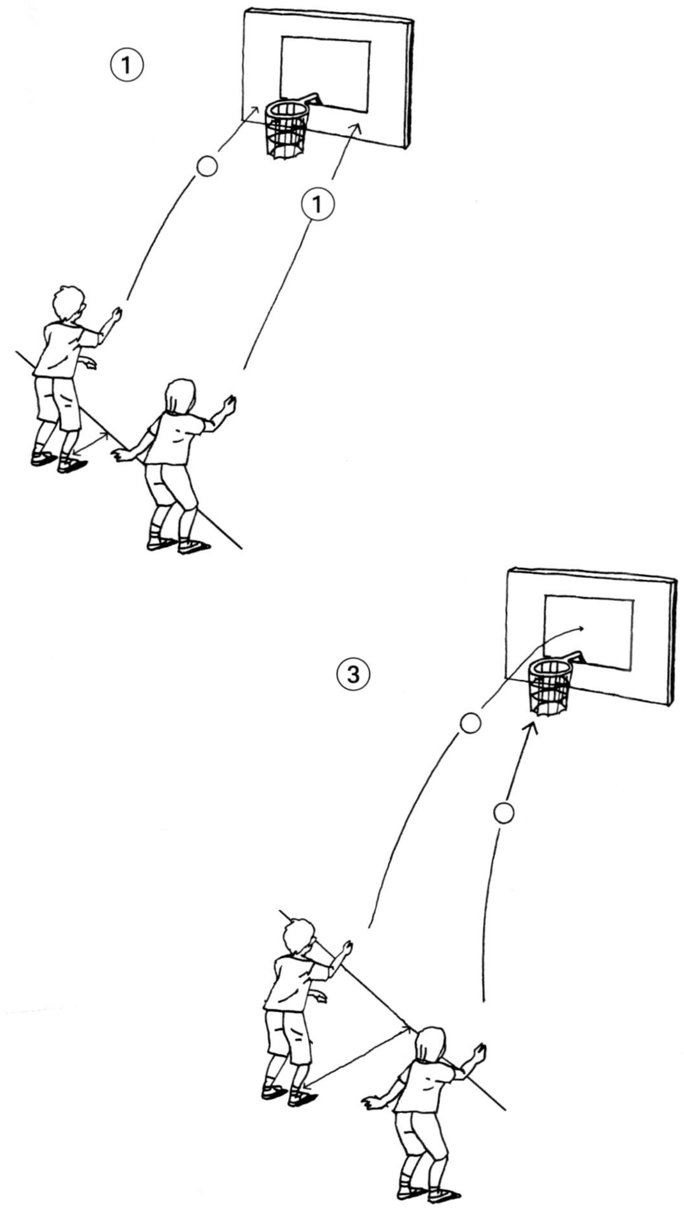

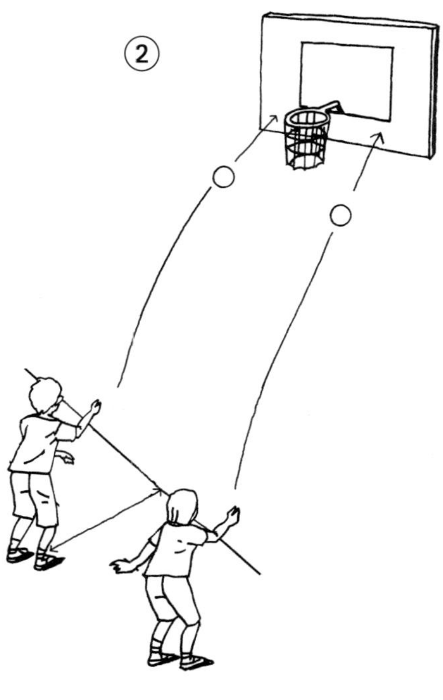

Material: 1 Basketballkorb, 1 Volleyball pro Spieler

Schüleranzahl: 2–10

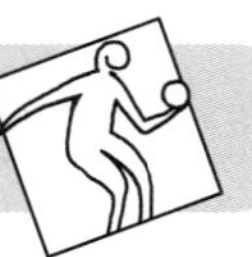

Station 4: Aufschlag über die Schnur

Aufgabe:

① **Beginner:** A schlägt auf. B fängt den Ball von unten und wirft ihn C zu. C fängt den Ball und pritscht den Ball anschließend über das Netz.

② **Intermediate:** A schlägt auf. B nimmt den Ball durch Baggern an. C fängt den Ball und pritscht ihn zu B zurück. B pritscht den Ball zurück über das Netz.

③ **Champion:** A schlägt auf. B nimmt den Ball an und baggert zu C. C pritscht zu B zurück. B pritscht den Ball über das Netz. A nimmt den Ball durch Baggern an.

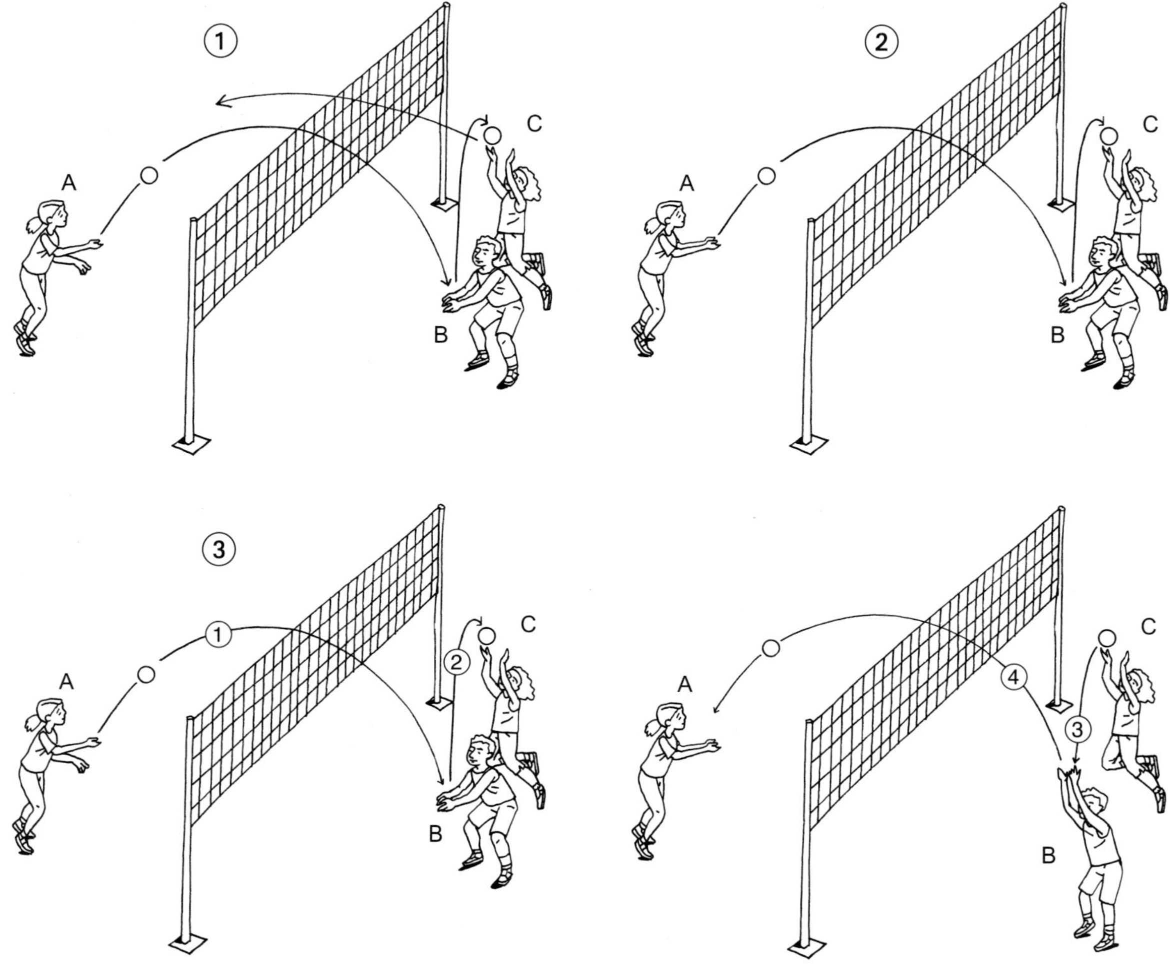

Material: 1 Volleyball pro Dreierteam, Volleyballnetz bzw. Zauberschnur

Schüleranzahl: 3

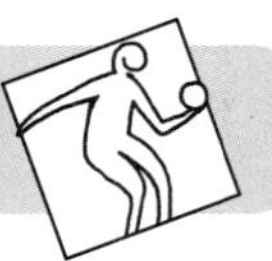

Station 5: Feldverteidigung

Aufgabe:

① **Beginner:** Gruppe A und B stehen sich im Volleyballfeld gegenüber. Beide Gruppen befinden sich an der Aufschlagposition außerhalb des Spielfeldes. Auf ein Signal spielen die Gruppen die Bälle mit Aufschlägen von unten in das gegnerische Feld. Sobald Bälle zurückgespielt werden, werden diese eingesammelt und wieder von der Position hinter dem Spielfeld mit Aufschlägen zurückgespielt. Nach dem Abpfiff (oder einem Signal) werden die Bälle in den jeweiligen Feldern gezählt.

② **Intermediate:** Gruppe A und B stehen sich im Volleyballfeld gegenüber. In beiden Spielfeldern befinden sich Matten. Ziel ist es, die Matten mithilfe von Aufschlägen von unten zu treffen. Das Ziel der Übung ist für jedes Team, möglichst viele Treffer auf der Matte im gegnerischen Feld zu erlangen.

③ **Champion:** Gruppe A und B stehen sich im Volleyballfeld gegenüber. Gruppe A befindet sich an der Aufschlagposition außerhalb des Spielfeldes und schlägt den Ball auf. Gruppe B versucht, möglichst viele Bälle durch Baggern anzunehmen. Das Ziel der Übung ist für jedes Team, möglichst viele Bälle des Gegners anzunehmen.

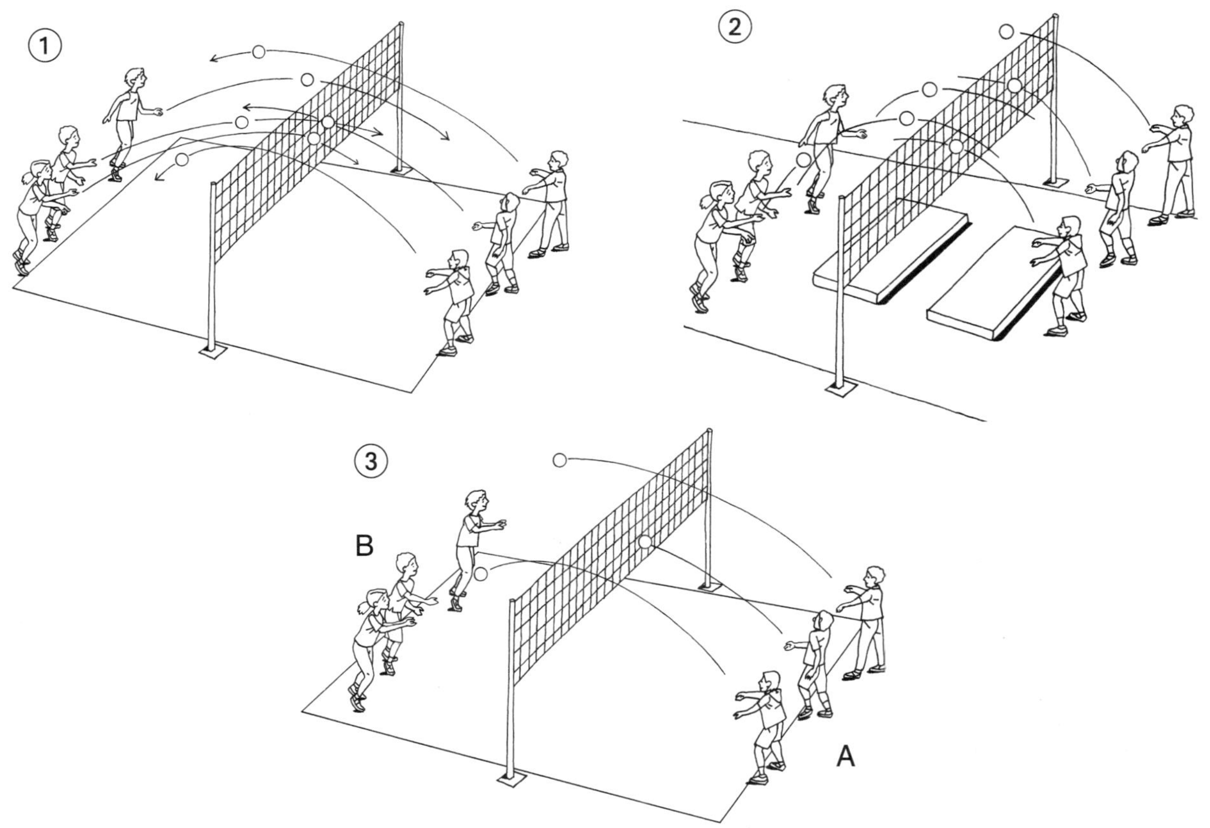

Material: 1 Volleyball pro Spieler, Volleyballnetz bzw. Zauberschnur, Matten

Schüleranzahl: 2 Teams à 3–8 Schüler

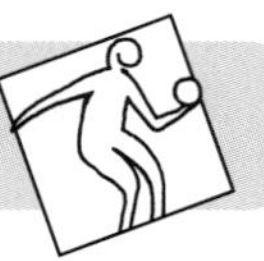

Station 6: Aufschlagstaffel

Aufgabe:

① **Beginner:** A führt für einen bestimmten Zeitraum den Aufschlag von unten durch. B fängt den Ball von unten und wirft ihn C zu. C befindet sich auf Netzhöhe und fängt den Ball. C läuft zur Ballkiste. B wechselt zur Netzposition.

② **Intermediate:** A führt für einen bestimmten Zeitraum den Aufschlag von unten durch. B nimmt den Ball durch Baggern an und passt ihn C zu. C befindet sich auf Netzhöhe und fängt den Ball. C läuft zur Ballkiste. B wechselt zur Netzposition.

③ **Champion:** A führt für einen bestimmten Zeitraum den Aufschlag von unten durch. B nimmt den Ball mit Baggern an und passt ihn C zu. C befindet sich auf Netzhöhe und pritscht den Ball erneut zu B. B pritscht Ball über das Netz zurück zu A. C läuft zur Ballkiste. B wechselt zur Netzposition.

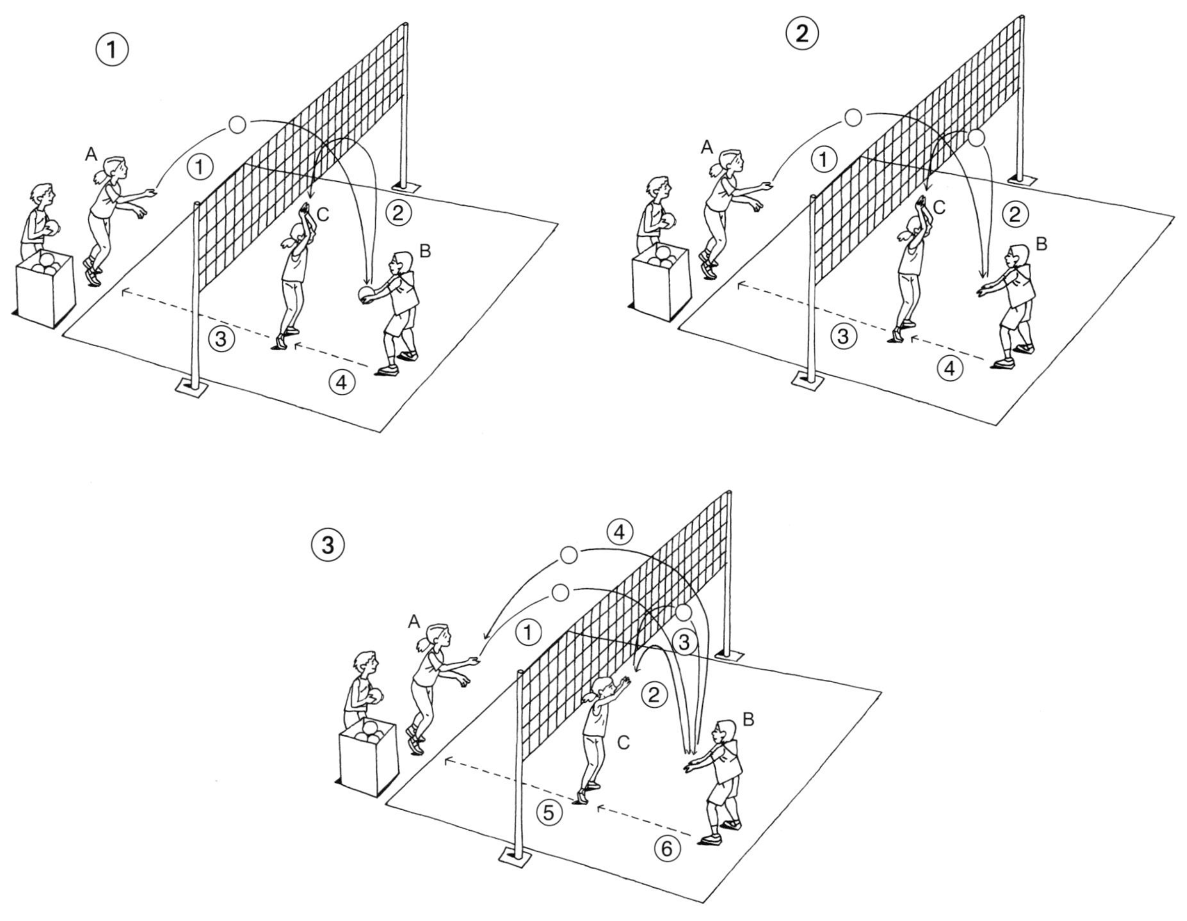

Material: mehrere Volleybälle, kleiner Kasten, Volleyballnetz bzw. Zauberschnur

Schüleranzahl: 4–8

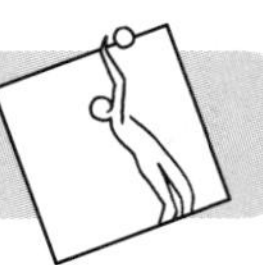

Technik-Überblick

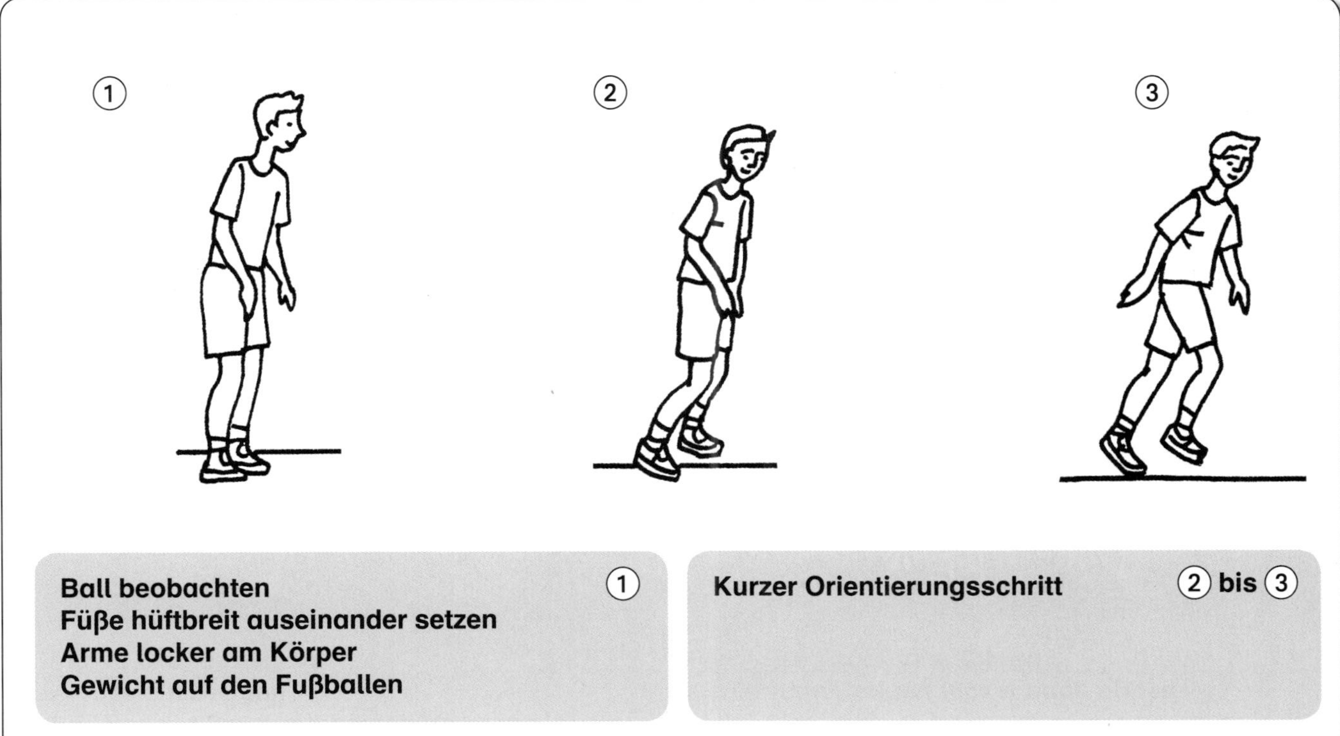

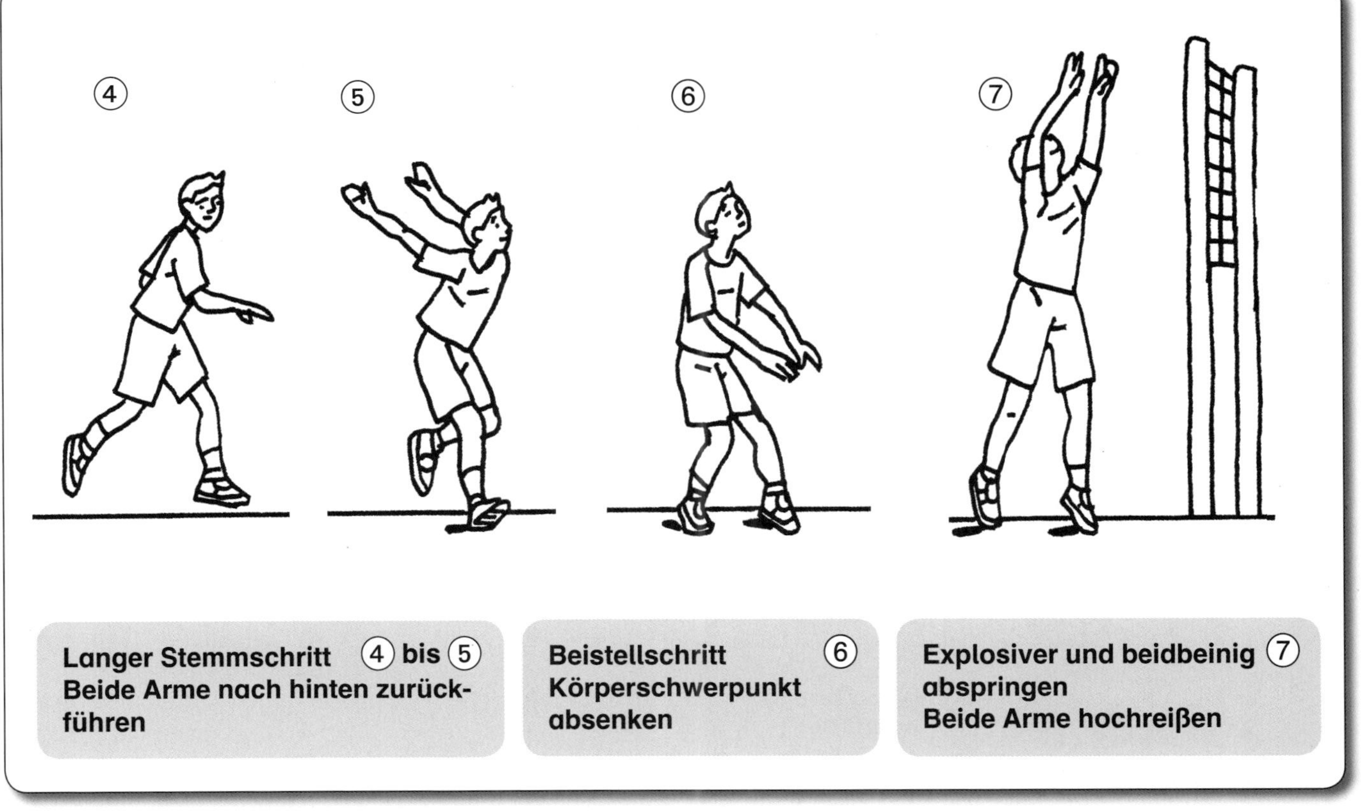

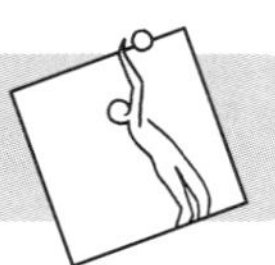

Technik-Überblick

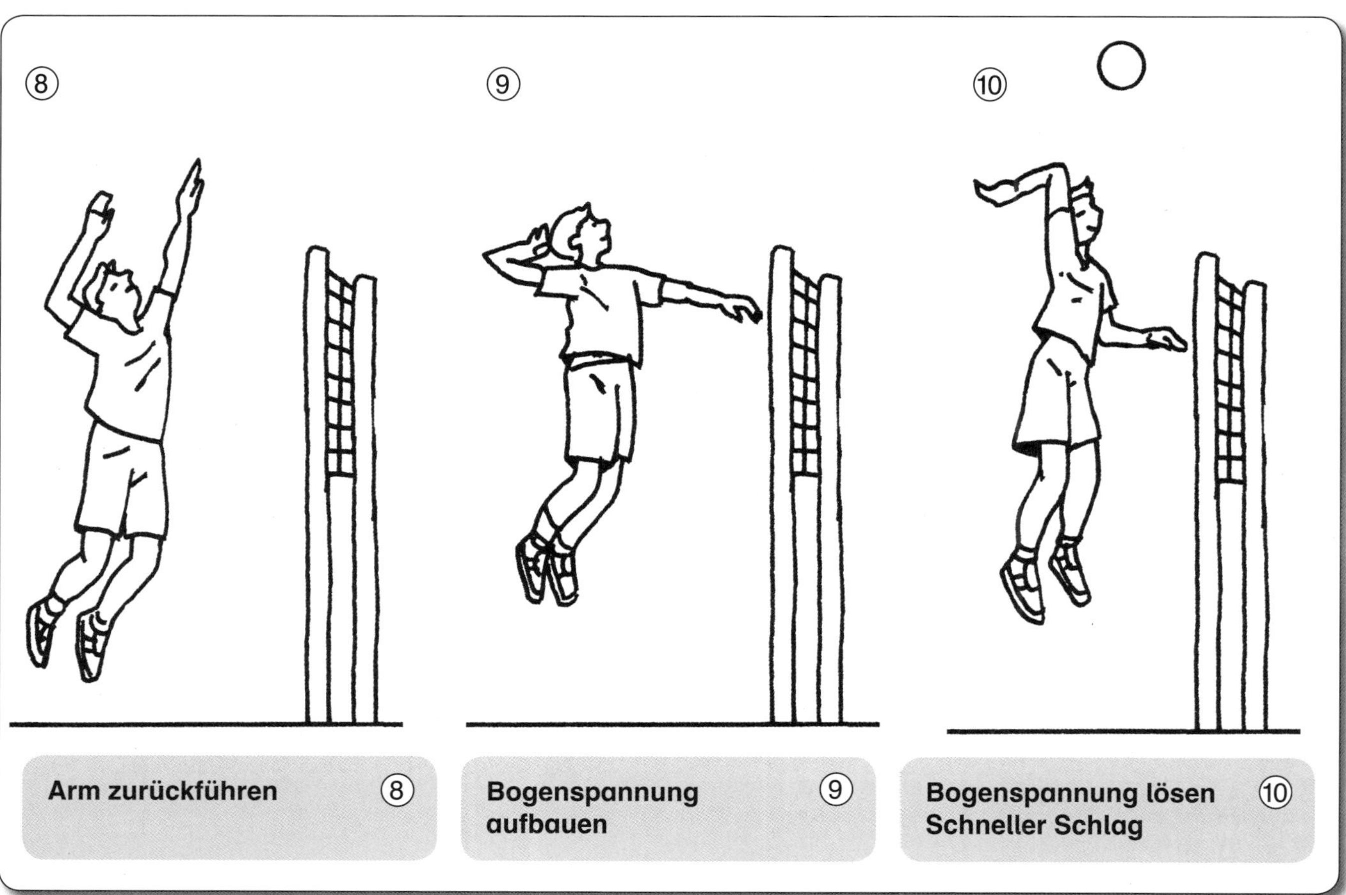

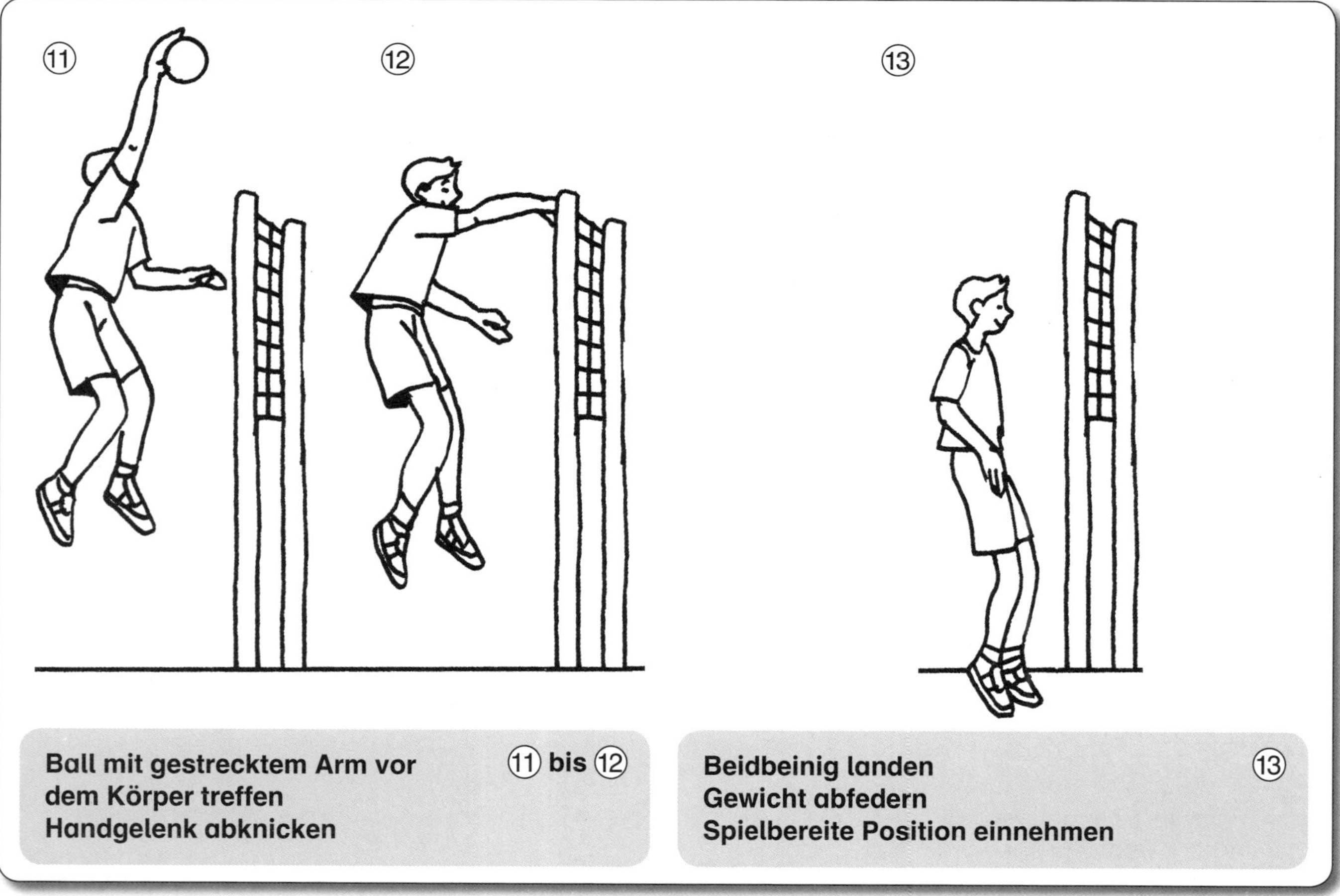

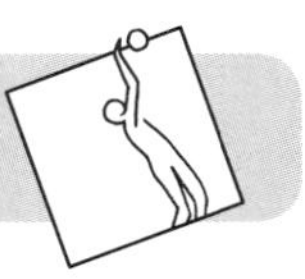

Kompetenzraster Angriffsschlag

Name: ______________________ Klasse: ______________

Coaching-Team: ______________________ Datum: ______________

	😄	🙂	😐	🙁	**Das muss ich noch üben**
1. Nimmt der Spieler die korrekte Ausgangsposition ein?					
Ball beobachtet?					
Füße hüftbreit auseinander?					
Arme locker am Körper?					
Gewicht auf den Fußballen?					
2. Wie bereitet der Spieler den Angriffsschlag vor?					
Orientierungsschritt langsamer und kürzer gesetzt als den Stemmschritt?					
Beide Arme im **Stemmschritt** nach hinten geführt?					
Stemmschritt lang gesetzt?					
Körperschwerpunkt im **Beistellschritt** abgesenkt?					
Absprung beidbeinig und mit Unterstützung durch das Hochreißen beider Arme?					
3. Wie spielt der Spieler den Ball?					
Ausholbewegung des Schlagarms durchgeführt?					
Bogenspannung vor dem Schlag erkennbar?					
Treffen des Balls mit gestrecktem Arm?					
Handgelenk beim Schlag abgeknickt?					
Beidbeinige Landung?					
4. Wie bewegt sich der Spieler nach dem Spielen des Balls?					
Spielbereite Position eingenommen?					
Knie leicht gebeugt?					
Arme vor dem Körper?					

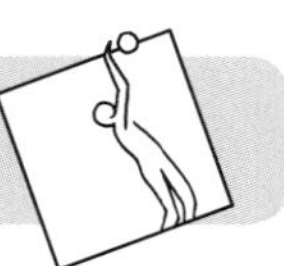

Station 1: Schlag den Ball (2)

Aufgabe:

① **Beginner:** A führt die Schlagbewegung des Angriffsschlags ohne Ball langsam durch. B korrigiert die Bewegung.

② **Intermediate:** B hält den Ball hoch. A führt die Schlagbewegung des Angriffsschlags aus und schlägt den hochgehaltenen Ball gegen die Wand.

③ **Champion:** B wirf den Ball hoch. A führt die Schlagbewegung des Angriffsschlags aus und schlägt den hochgeworfenen Ball gegen die Wand.

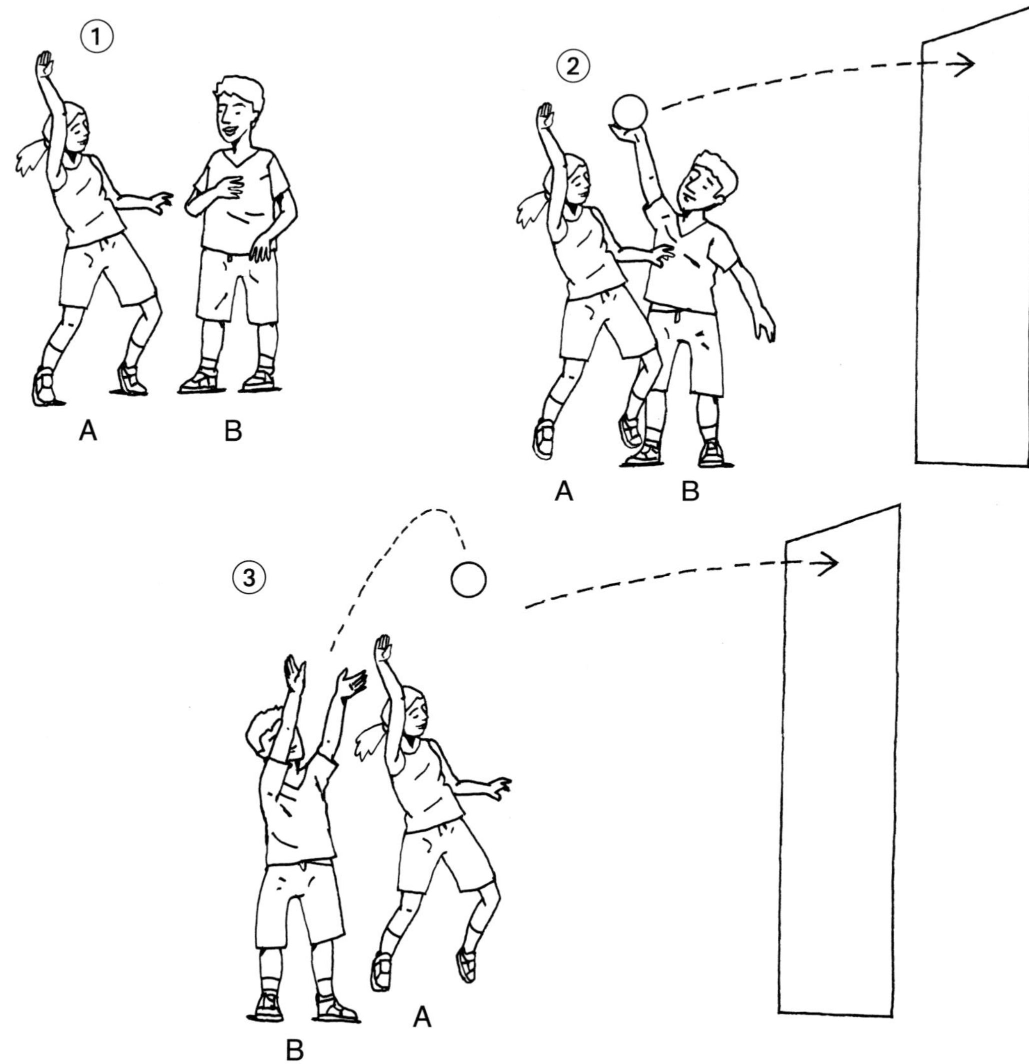

Material: 1 Volleyball pro Paar

Schüleranzahl: 2

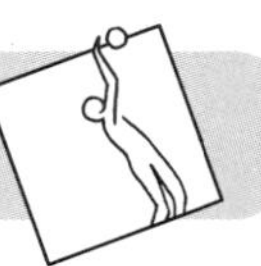

Station 2: Finde den Rhythmus

Aufgabe:

① **Beginner:** A steht hüftbreit und streckt beide Arme nach hinten. Auf ein Signal schwingt A die Arme nach vorne und springt nach oben ab. A orientiert sich dabei an parallel verlaufenden Linien auf dem Hallenboden.

② **Intermediate:** Befestigt Markierungen für den Drei-Schritt-Rhythmus auf dem Boden. A stellt sich hüftbreit auf und führt die Laufbewegung des Angriffsschlags aus. B unterstützt durch ein akustisches Signal. Tipp: Als akustisches Signal eignet sich der Städtename „Amsterdam“ gut. Die Schrittfolge würde dann mit folgenden Silben begleitet werden: Am – (Orientierungsschritt) – ster (Stemmschritt) – dam (Beistellschritt).

③ **Champion:** Befestigt Markierungen für den Drei-Schritt-Rhythmus auf dem Boden. A stellt sich hüftbreit auf und hat einen Tennisball in der Hand. A führt die Bewegung des Angriffsschlags durch und wirft den Tennisball ab. B unterstützt durch ein akustisches Signal.

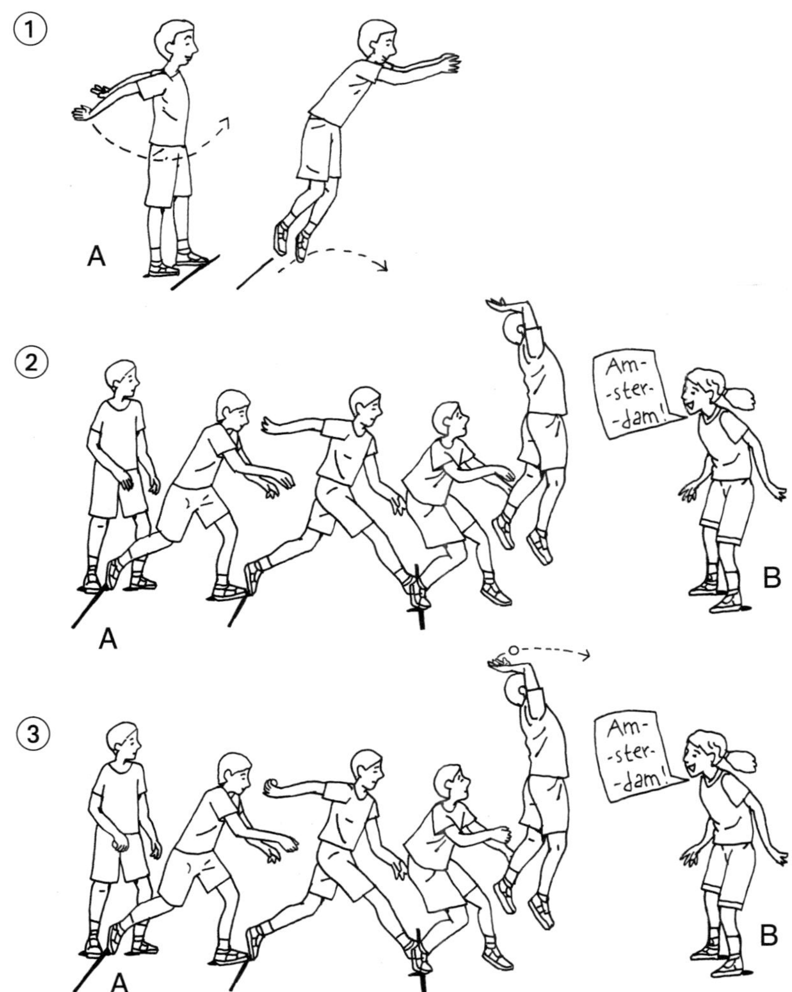

Material: 1 Tennisball pro Paar, Markierungen, evtl. Klebeband

Schüleranzahl: 2

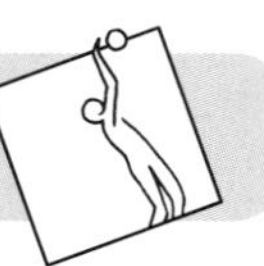

Station 3: Schmettere den Ball

Aufgabe:

① **Beginner:** A steht vor dem Netz und wirft sich den Ball selbst an. A schlägt den Ball dann mit gestrecktem Arm über das Netz. Beginne auf der niedrigen Seite des schräg gespannten Netzes.

② **Intermediate:** Befestigt Markierungen für den Drei-Schritt-Rhythmus auf dem Boden vor dem Netz. A steht auf einem kleinen Kasten und hält den Ball bereit. B führt die Laufbewegung des Angriffsschlags durch und schlägt den Ball über das Netz.

④ **Champion:** Befestigt Markierungen für den Drei-Schritt-Rhythmus am Boden vor dem Netz. A wirft B einen Ball zu. B führt die gesamte Bewegung des Angriffsschlags durch und schlägt den Ball über das Netz.

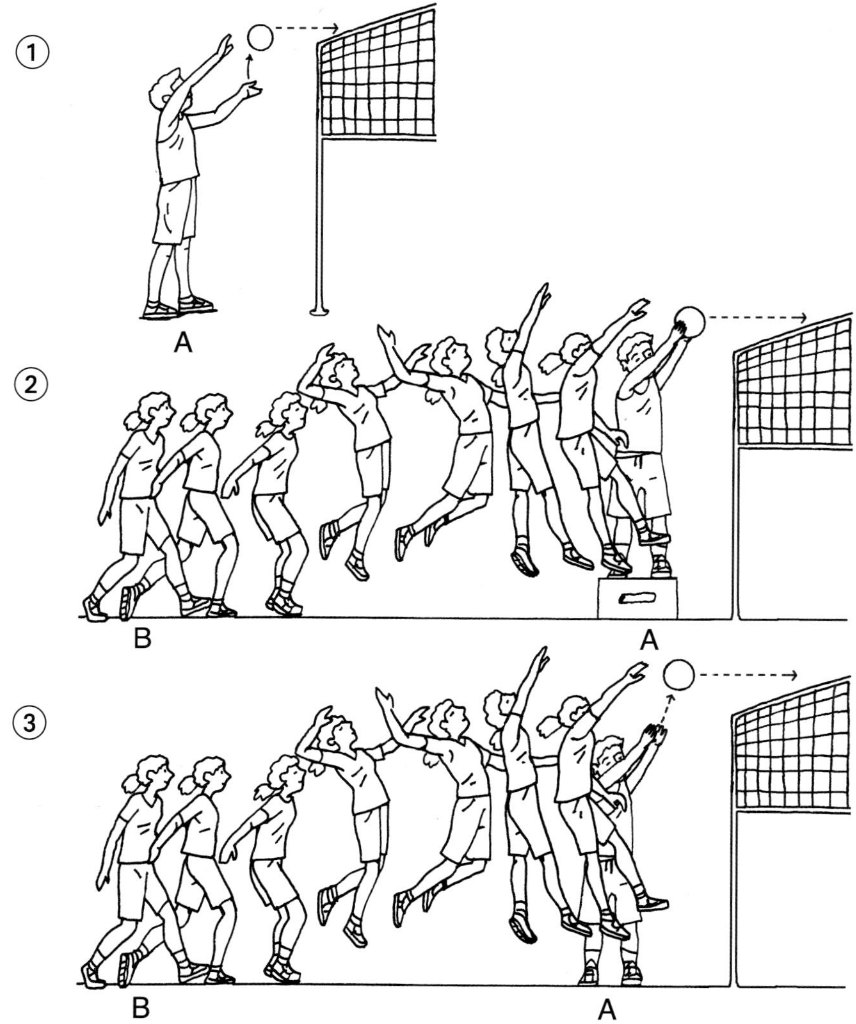

Material: 1 Volleyball pro Spieler, schräg gespanntes Volleyballnetz bzw. Zauberschnur, kleiner Kasten

Schüleranzahl: 1–2

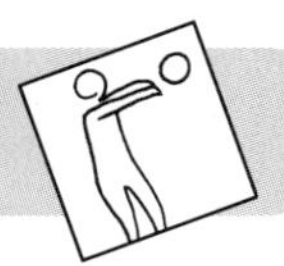

Technik-Überblick

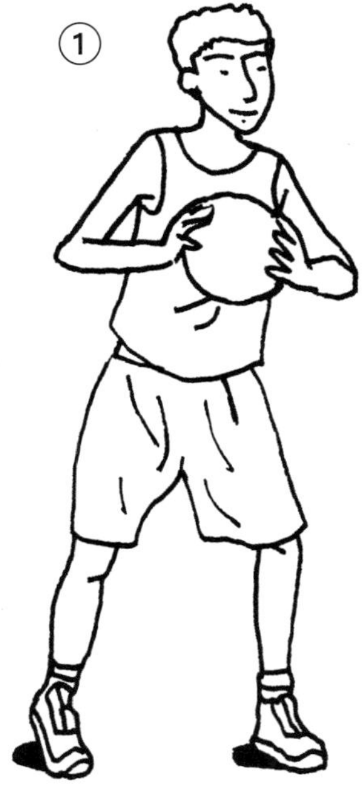

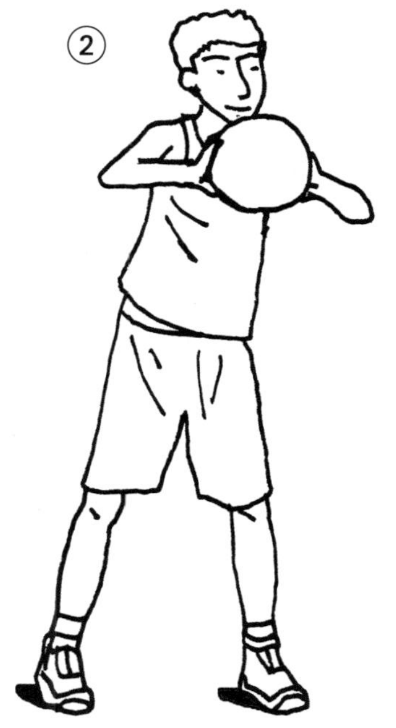

Aktive Grundstellung ①
Knie leicht beugen
Ball vor der Brust mit beiden Händen sichern
Füße parallel und hüftbreit auseinander setzen
Ziel suchen

Ball in Brusthöhe führen ②
Ellbogen zeigen locker nach außen

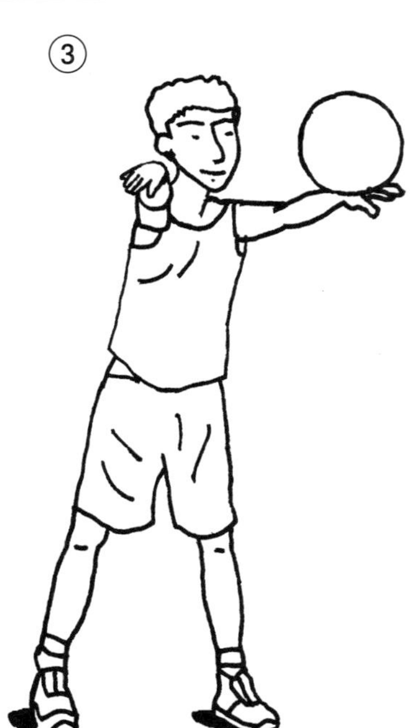

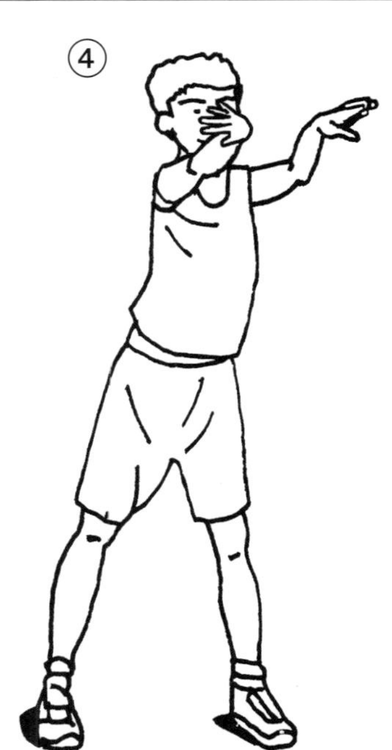

Arme kraftvoll nach vorne stoßen ③
Hände klappen ab
Daumen zeigt zum Boden, Finger zur Seite
Körpergewicht leicht nach vorn verlagern

Bewegung ausklingen lassen ④
Sofort spielbereit sein

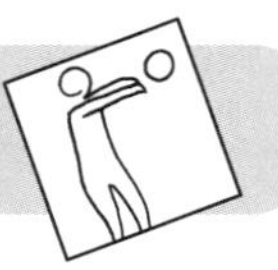

Kompetenzraster Druckpass

Name: ______________________ Klasse: ______________

Coaching-Team: ______________________ Datum: ______________

	☺ (sehr gut)	☺ (gut)	😐	☹	**Das muss ich noch üben**
1. Nimmt der Spieler die korrekte Ausgangsposition ein?					
Füße parallel und hüftbreit auseinander?					
Knie leicht gebeugt?					
Ball in beiden Händen gesichert vor dem Körper?					
Ziel gesucht?					
2. Wie bereitet der Spieler den Pass vor?					
Ball weiter in Brusthöhe geführt?					
Zeigen die Ellbogen locker nach außen?					
3. Wie spielt der Spieler den Ball?					
Arme kraftvoll nach vorne gestreckt (Stoßbewegung)?					
Hände nach außen abgeklappt?					
Zeigen die Daumen zum Boden, die Finger zur Seite?					
Körpergewicht leicht nach vorn verlagert?					
4. Wie bewegt sich der Spieler nach dem Spielen des Balls?					
Hat er die Bewegung ausklingen lassen?					
Spielbereite Position eingenommen?					

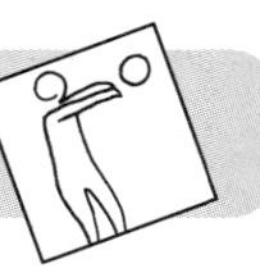

Station 1: Unser Ball

Aufgabe:

① **Beginner:** Zwei Schüler stehen sich in einem Abstand von zwei bis drei Metern gegenüber. Beide passen sich den Ball als Druck- oder Bodenpass zu und fangen ihn vor der Brust.

② **Intermediate:** Zwei Schüler stehen sich in einem Abstand von zwei bis drei Metern gegenüber. Beide passen sich den Ball als Druck- oder Bodenpass so schnell wie möglich zu. Sie versuchen, möglichst viele Ballkontakte zu schaffen.

③ **Champion:** Zwei Schüler stehen sich in einem Abstand von zwei bis drei Metern gegenüber. Jeder von ihnen hat einen Ball. Spieler A spielt einen Bodenpass, Spieler B gleichzeitig einen Druckpass, danach A einen Druckpass und B einen Bodenpass, immer im Wechsel. Wie viele Kontakte schafft ihr?

③

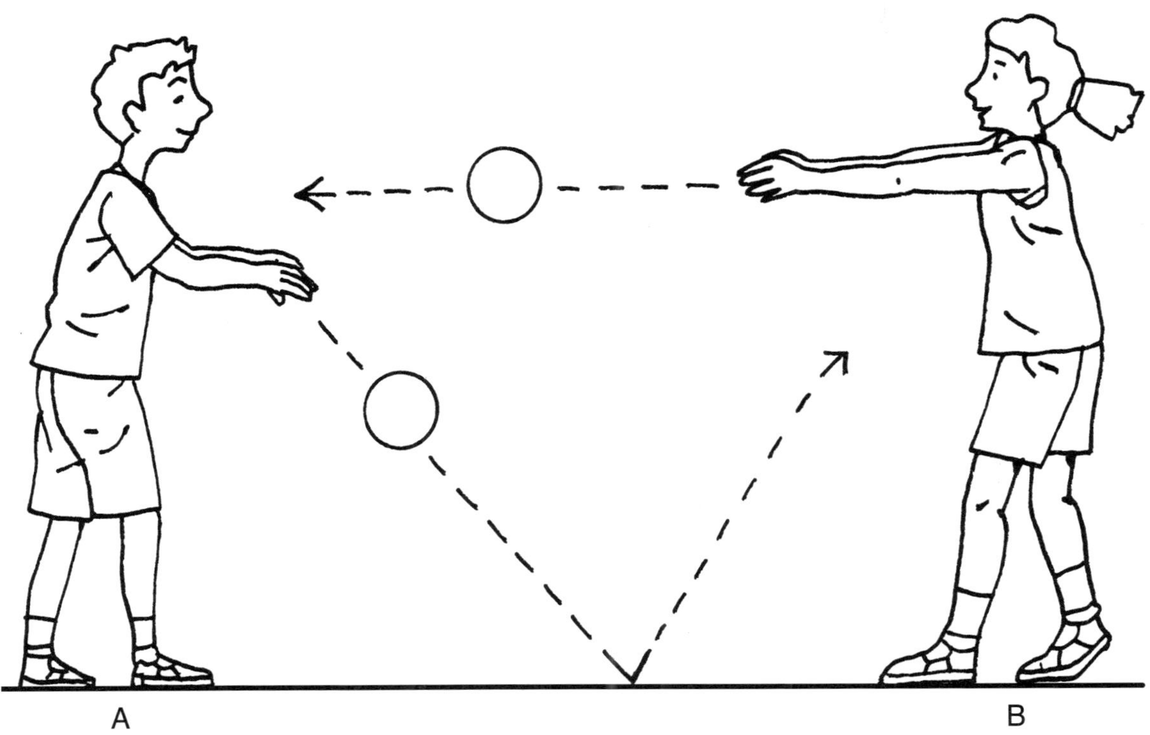

Material: 1–2 Basketbälle pro Paar

Schüleranzahl: 2

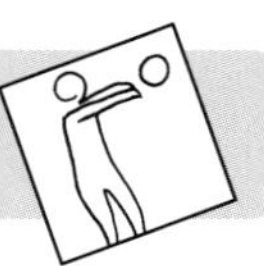

Station 2: Triff das Ziel

Aufgabe:

① **Beginner:** Ein Spieler steht zwei bis drei Meter von einer Hallenwand entfernt. An der Wand sind etwas über Brusthöhe drei farbige Markierungen oder Kreidequadrate angebracht. Der Ball wird im Druckpass gegen die Wand auf die Markierungen gespielt. Seine Handflächen zeigen am Ende der Bewegung nach außen! Danach fängt er den Ball und beginnt erneut.

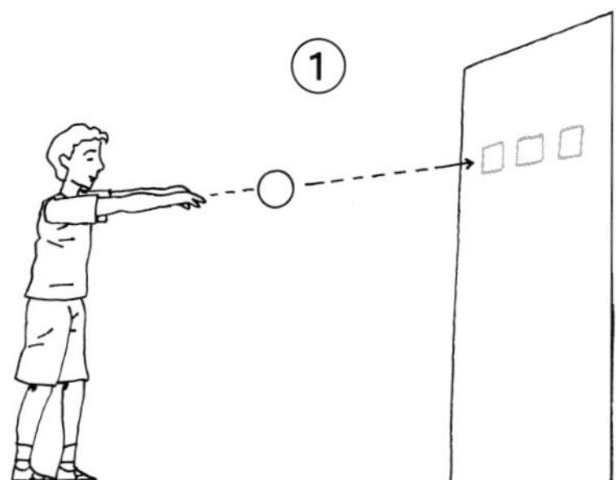

② **Intermediate:** Ein Spieler steht zwei bis drei Meter von einer Hallenwand entfernt. An der Wand sind etwas über Brusthöhe drei farbige Markierungen oder Kreidequadrate angebracht. Der Ball wird im Druckpass gegen die Wand auf die Markierungen gespielt. Seine Handflächen zeigen am Ende der Bewegung nach außen! Der Spieler versucht, den Ball möglichst oft gegen die Wand zu passen und wieder zu fangen, ohne ihn zu verlieren.

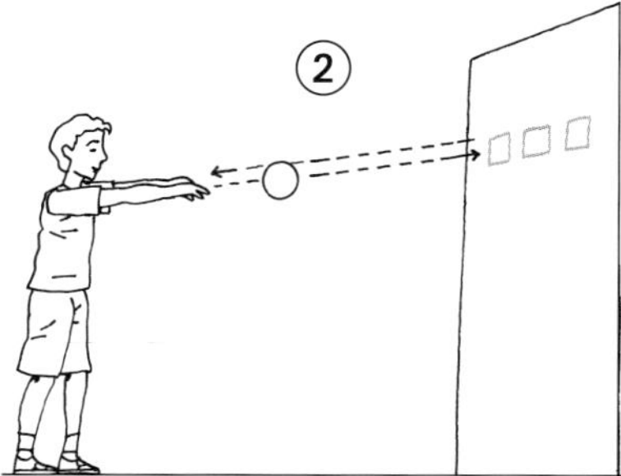

③ **Champion:** Zwei Spieler stehen zwei bis drei Meter von einer Hallenwand entfernt. An der Wand sind etwas über Brusthöhe drei farbige Markierungen oder Kreidequadrate angebracht. Der Ball wird im Druckpass jeweils von beiden Spielern gegen die Wand auf die Markierungen gespielt. Die Spieler stehen im Wettkampf zueinander. Jeder versucht, mehr Pässe zu schaffen als der Partner.

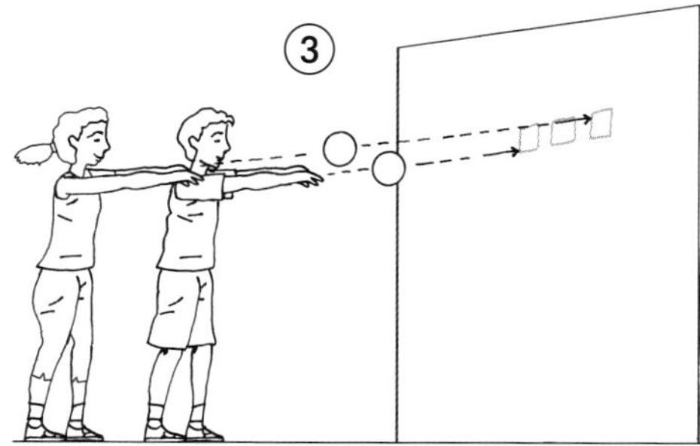

Material: 1 Basketball pro Spieler, Wandmarkierungen

Schüleranzahl: 1–2

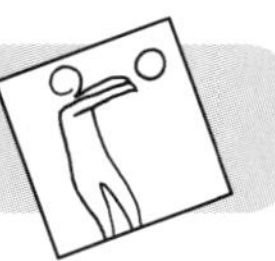

Station 3: Reifenpassen

Aufgabe:

① **Beginner:** Die Teammitglieder stehen sich ca. drei Meter entfernt gegenüber. Vor jedem Spieler liegt ein Gymnastikreifen etwa einen Meter entfernt. A passt B den Ball über einen Bodenpass in dessen Gymnastikreifen zu. B fängt ihn. Nun ist B an der Reihe. Beide Spieler achten während des Passens auf ihre Ausführungen.

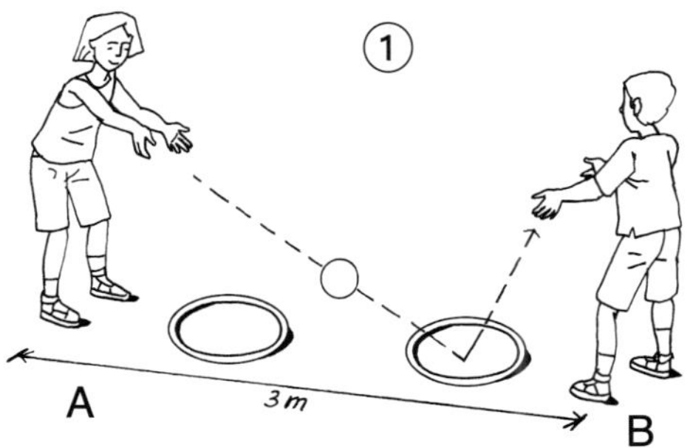

② **Intermediate:** Die Teammitglieder stehen sich ca. drei Meter entfernt gegenüber. Vor jedem Spieler liegt ein Gymnastikreifen etwa einen Meter entfernt. A passt B den Ball über einen Bodenpass in dessen Gymnastikreifen zu. B fängt ihn und wirft ihn sofort wieder zu A zurück. Die Spieler versuchen, so viele Pässe wie möglich zu spielen.

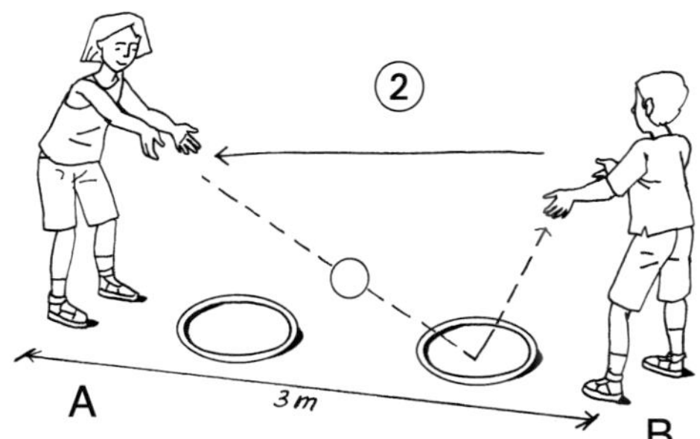

③ **Champion:** Die Teammitglieder stehen sich ca. drei Meter entfernt gegenüber. Vor jedem Spieler liegt ein Gymnastikreifen etwa einen Meter entfernt. Jeder Spieler besitzt einen Ball. A passt B den Ball über einen Bodenpass in dessen Gymnastikreifen zu. B wirft seinen Ball im Druckpass zu A. Die Spieler versuchen, so viele Pässe wie möglich in diesem Wechsel zu spielen.

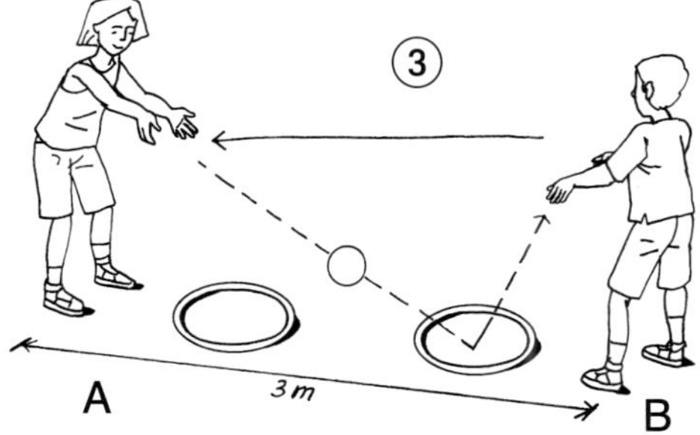

Material: 1 Basketball und 1 Gymnastikreifen pro Spieler

Schüleranzahl: 2

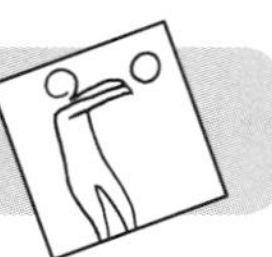

Station 4: Wanderei

Aufgabe:

① **Beginner:** Die Teammitglieder stehen in einem Kreis. Sie passen sich den Ball im Druck- oder Bodenpass zu. Dabei achten sie auf ihre Ausführungen.

② **Intermediate:** Die Teammitglieder stehen in einem Kreis. Sie passen sich den Ball im Druckpass zu und laufen dem von ihnen gespielten Ball hinterher. So wechseln sie ständig ihre Plätze.

③ **Champion:** Die Teammitglieder stehen in einem Kreis. Sie passen sich den Ball im Druck- oder Bodenpass zu und laufen dem von ihnen gespielten Ball hinterher. So wechseln sie ständig ihre Plätze. Sie versuchen, möglichst viele Pässe in zwei Minuten zu spielen.

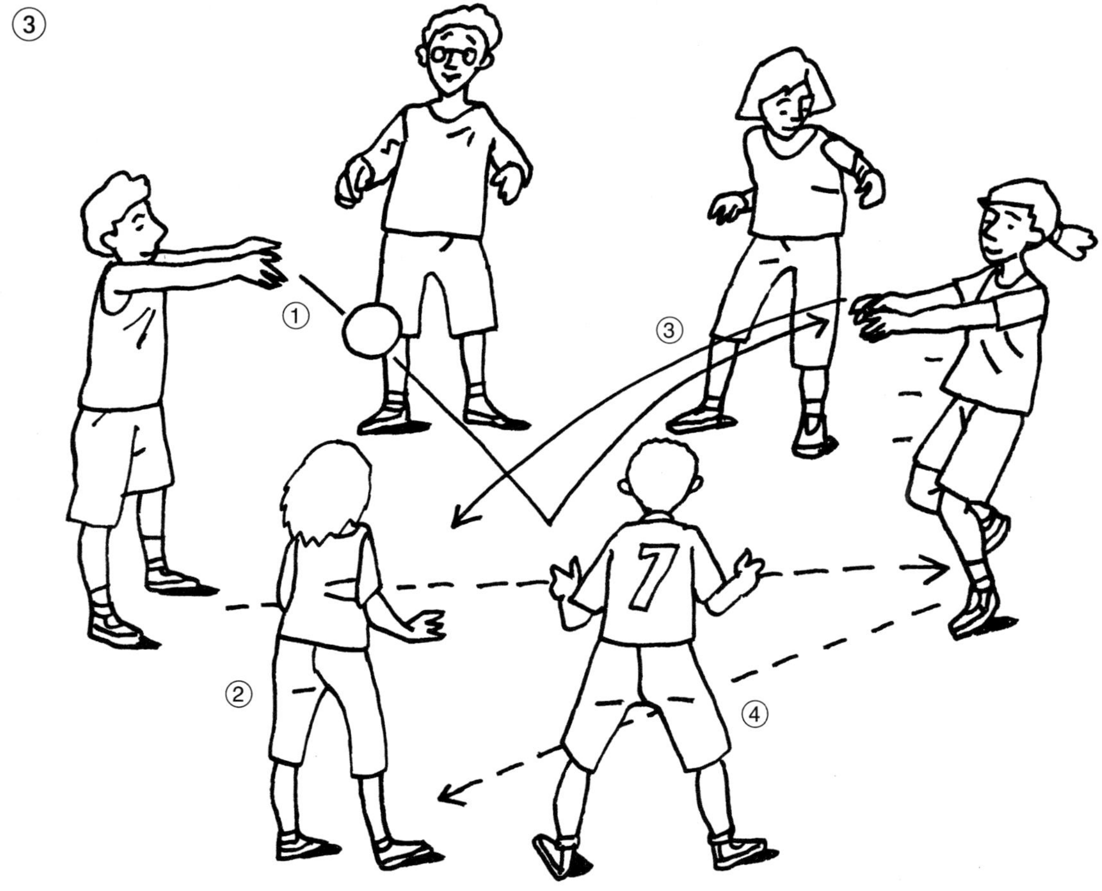

Material: 1 Basketball

Schüleranzahl: 6

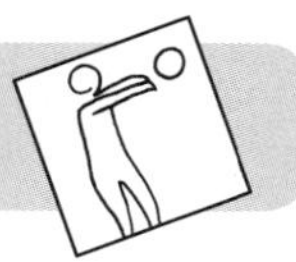

Station 5: Spielform – Holt uns ein

Aufgabe:

Es werden zwei Mannschaften (A und B) gebildet, die sich in einem Kreis aufstellen. Dabei steht immer ein Teammitglied von A neben B. In der Mitte des Kreises befindet sich je ein Spieler von A und B, die Rücken an Rücken stehen. Jeder von ihnen besitzt einen Ball. Im Uhrzeigersinn passen die Mittelspieler den Ball ihren Mitspielern zu. Die Mitglieder beider Mannschaften zählen, wie viele aufeinanderfolgende Ballkontakte sie schaffen. Nach Durchlaufen einer Runde werden die Spieler in der Mitte ausgewechselt.

Variante: Die beiden Mannschaften versuchen, sich gegenseitig einzuholen.

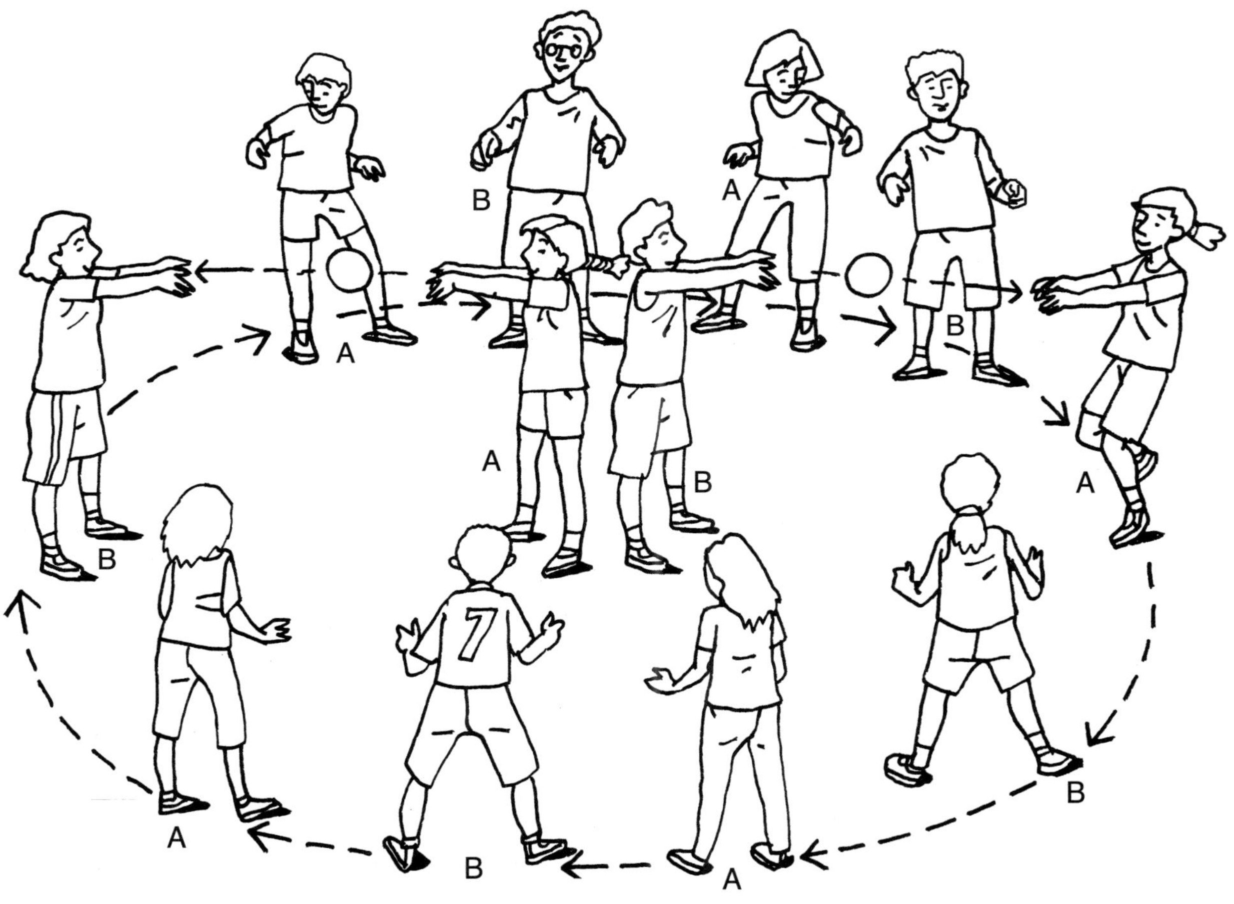

Material: 2 Basketbälle

Schüleranzahl: 6–8 pro Team

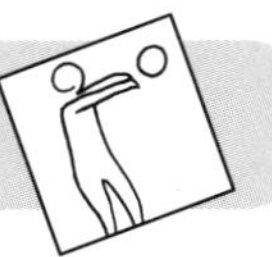

Station 6: Spielform – Brettball

Aufgabe:

Es werden zwei Mannschaften gebildet und ein kleines Basketballfeld gewählt (Querfelder in großen Sporthallen mit Basketballkorb). Ziel des Spieles ist es, den Ball gegen das Basketballbrett zu werfen. Ein Punkt ist dann erzielt, wenn der Ball nach dem Abspringen vom Brett nicht vom Teamgegner aufgefangen wird, sondern den Boden berührt. Es darf nur gepasst werden. Dribbeln ist dagegen nicht erlaubt, lediglich die Ausführung eines Sternschrittes (festes Standbein).

Variante: Das Spiel wird mit Dribbling durchgeführt.

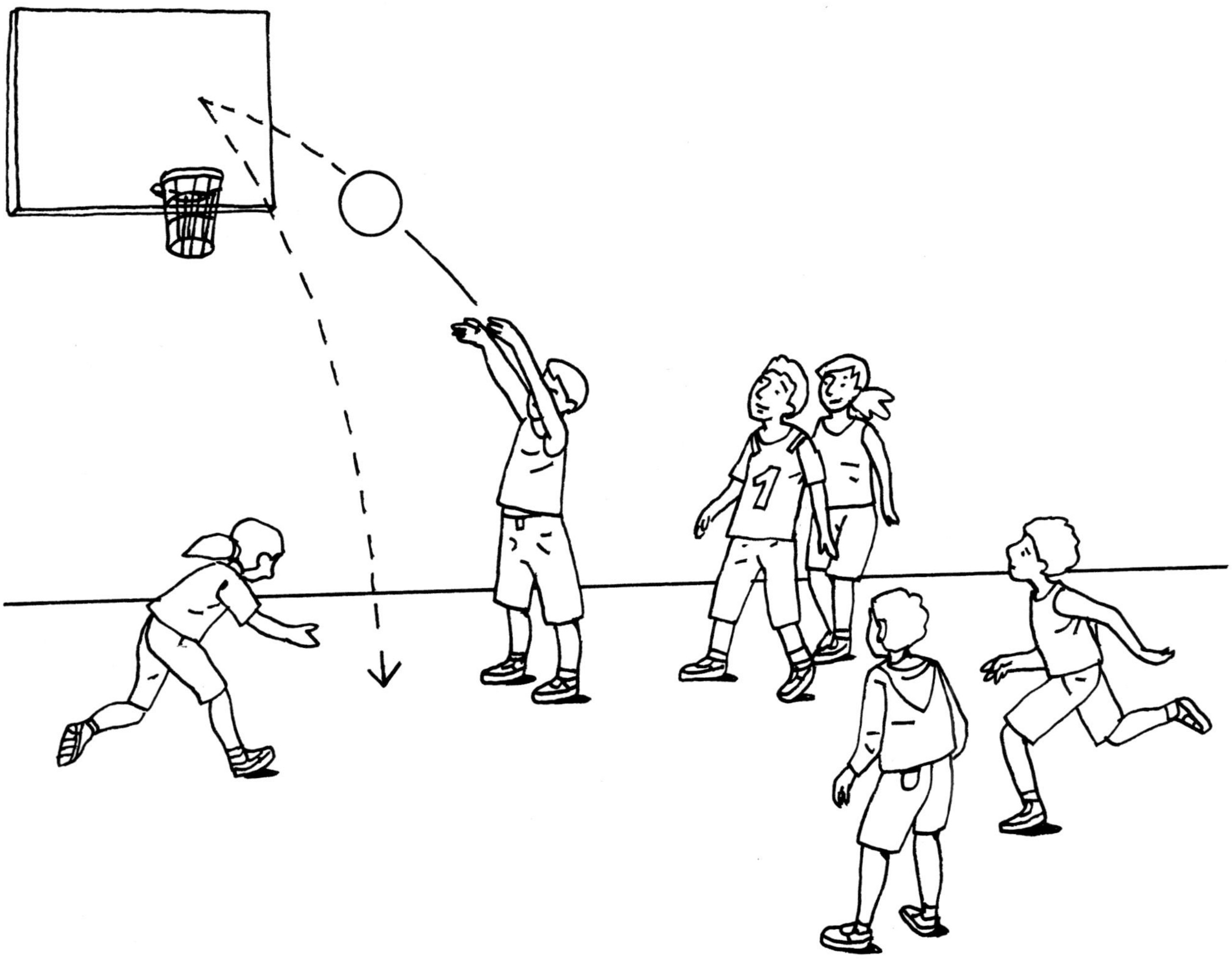

Material: 1 Basketball

Schüleranzahl: 6–8

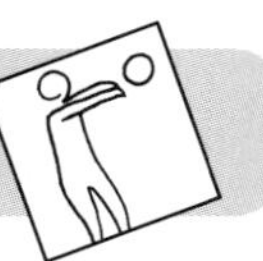

Station 7: Spielform – Burgball

Aufgabe:

Es werden zwei Mannschaften gebildet und ein Spielfeld abgesteckt. An jeder Kopfseite des Feldes steht ein kleiner Kasten. Hier positioniert sich der Burgherr bzw. das Burgfräulein. Ziel des Spieles ist es, den Ball dem Burgherren/dem Burgfräulein zuzuspielen, ohne dass dieser/diese den Kasten verlassen muss. Es darf nur gepasst werden. Dribbeln ist nicht erlaubt.

Variante 1: Das Spiel wird mit Dribbling durchgeführt.

Variante 2: Sollten die Burgherren/Burgfräulein zu stark von den Mannschaften bedrängt werden, wird eine Zone um den Kasten festgelegt, die von der gegnerischen Mannschaft maximal 3 Sekunden betreten werden darf. Die Variante kann auch zum Einsatz kommen, ohne dass die Burgherren/Burgfräulein bedrängt werden, da sie ein Schritt hin zum Regelwerk des Zielspieles ist.

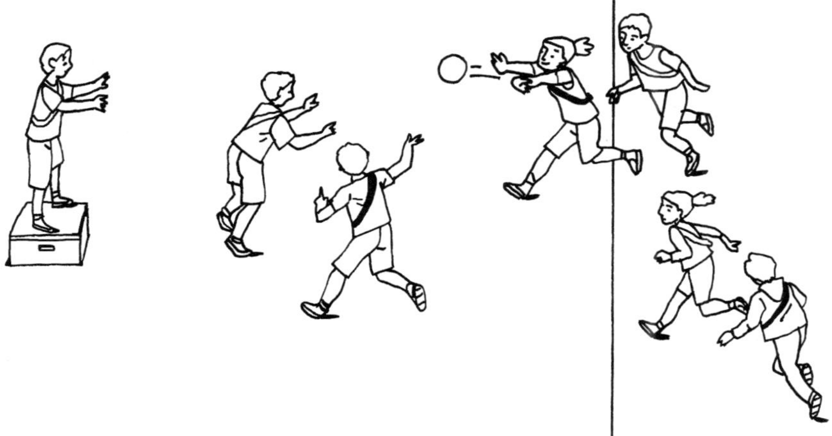

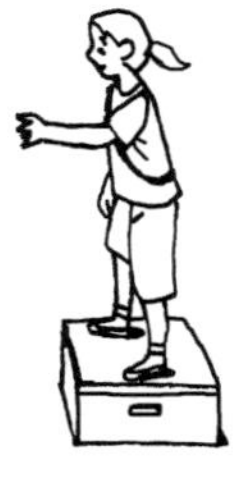

Variante 2

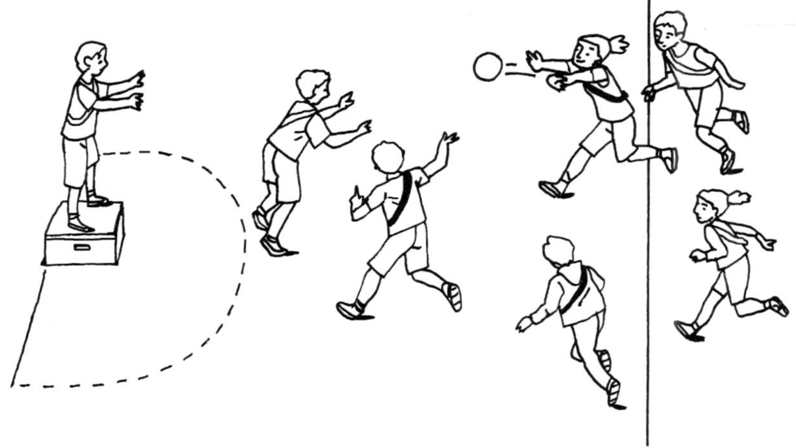

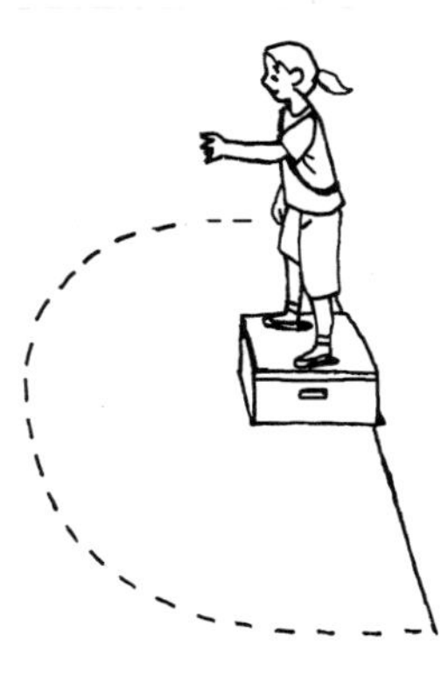

Material: 1 Basketball, Teamhemden oder Mannschaftsbänder

Schüleranzahl: 6–8

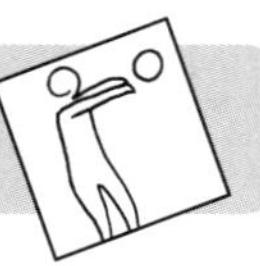

Station 8: Spielform – Lauerball

Aufgabe:

Es wird ein Kreis gebildet, in dem ein Spieler steht. Die Spieler im Kreis passen sich den Ball zu. Der Spieler im Kreisinneren versucht, den Ball abzufangen. Gelingt dies durch Berühren oder Fangen des Balles, wechselt er mit dem Spieler, dessen Ball er abgefangen hat, die Position. Nun muss dieser versuchen, den Ball abzufangen.

Variante: Das Spiel wird mit Druck- und Bodenpässen gespielt.

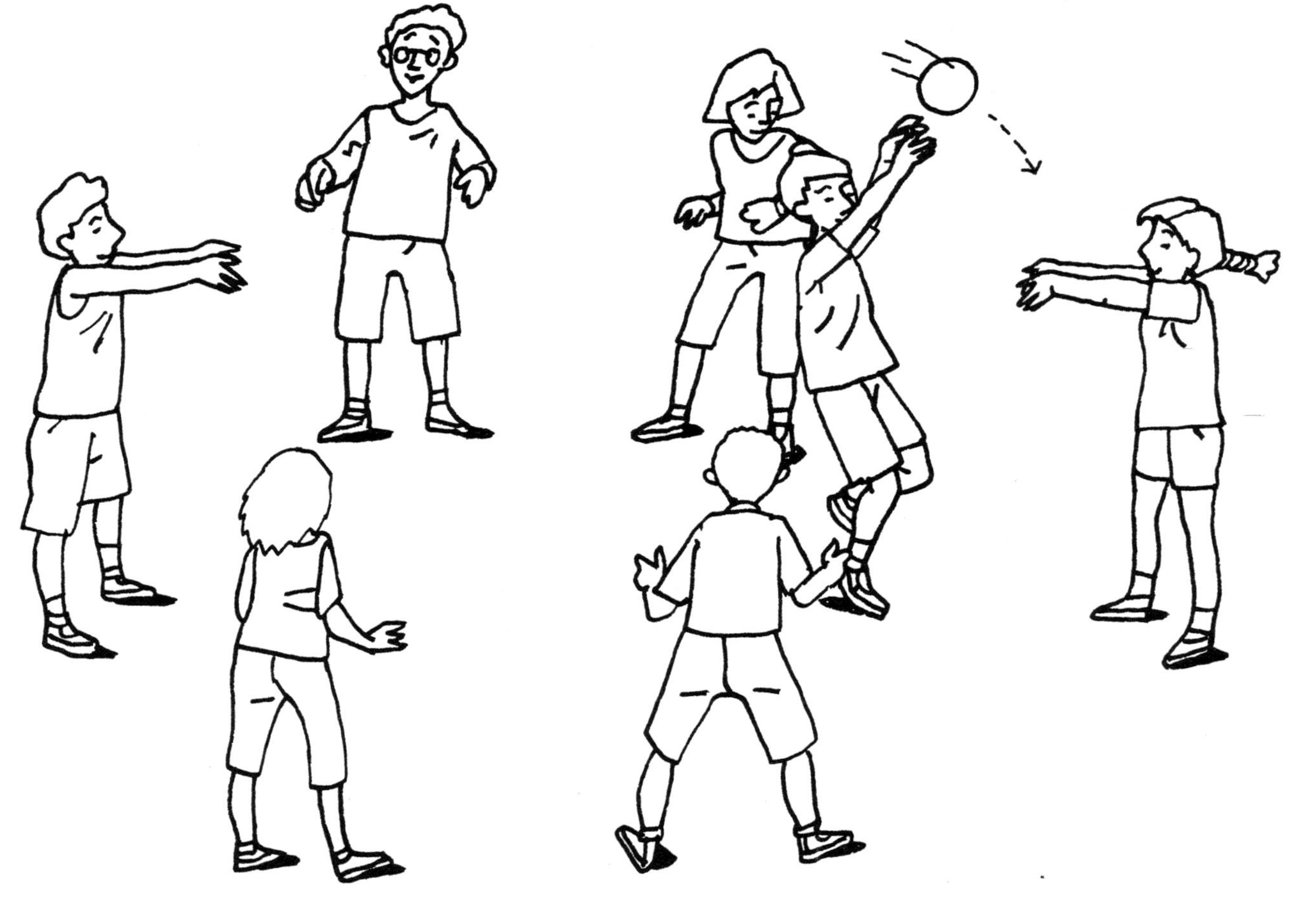

Material: 1 Basketball

Schüleranzahl: 5–7

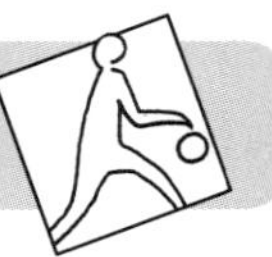

Technik-Überblick

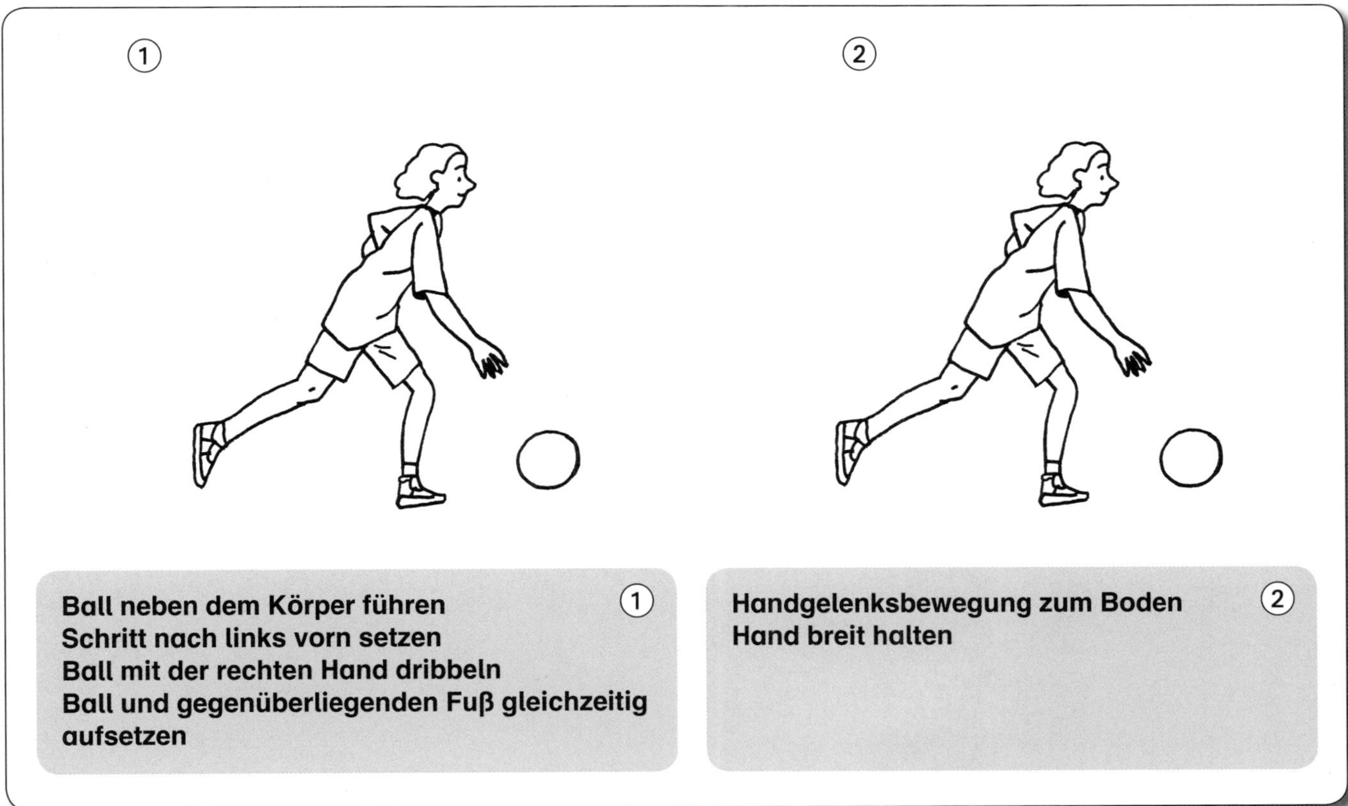

① Ball neben dem Körper führen
Schritt nach links vorn setzen
Ball mit der rechten Hand dribbeln
Ball und gegenüberliegenden Fuß gleichzeitig aufsetzen

② Handgelenksbewegung zum Boden
Hand breit halten

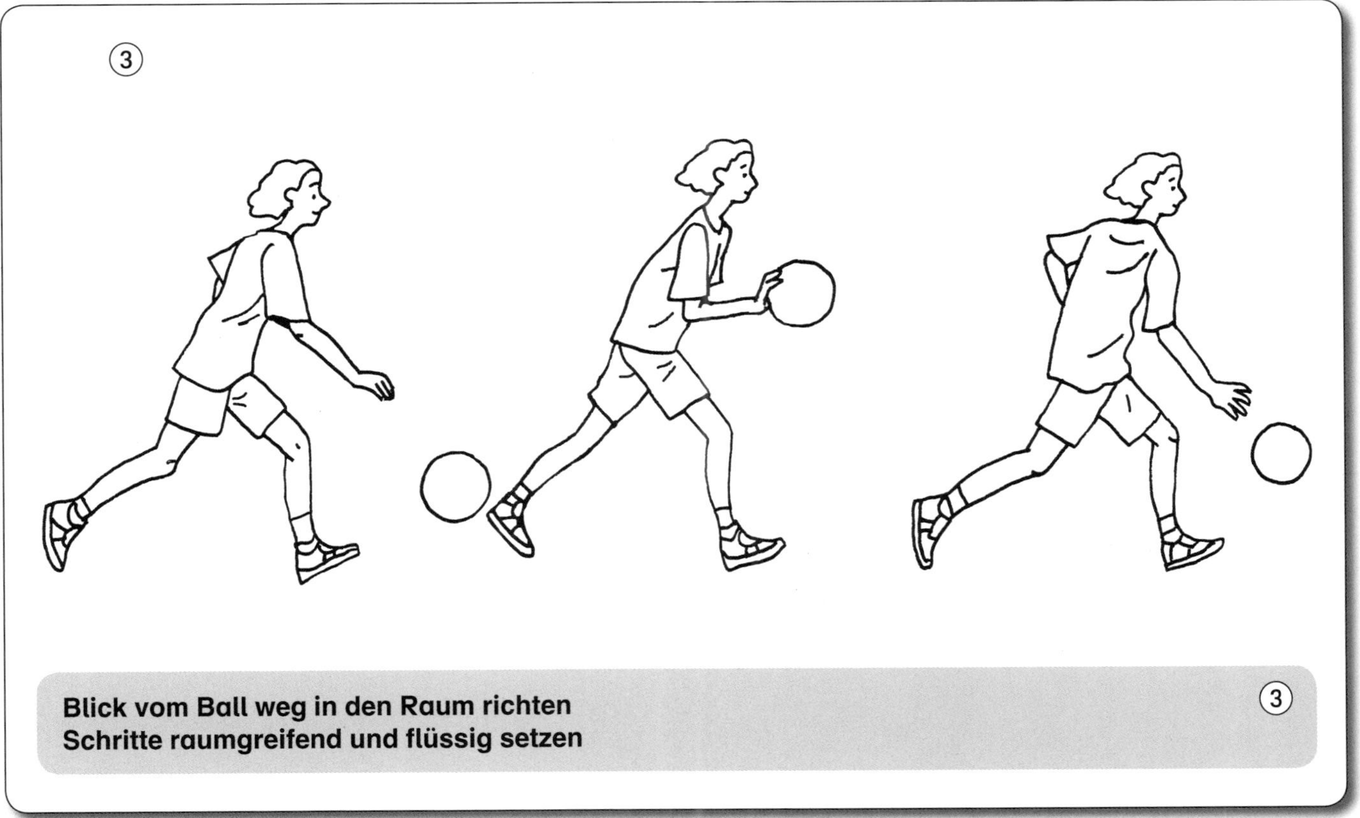

③ Blick vom Ball weg in den Raum richten
Schritte raumgreifend und flüssig setzen

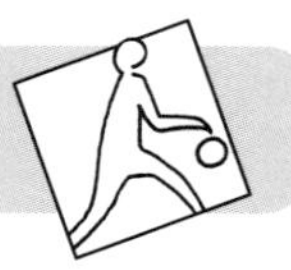

Kompetenzraster Dribbeln

Name: ______________________ Klasse: ______________

Coaching-Team: ______________________ Datum: ______________

	😁	🙂	😐	🙁	Das muss ich noch üben
1. Wie bereitet der Spieler das Dribbeln vor?					
Schritt links nach vorn?					
Ball mit der rechten Hand gedribbelt?					
Ball und gegenüberliegenden Fuß gleichzeitig aufgesetzt?					
2. Wie spielt der Spieler den Ball?					
Ball neben dem Körper geführt?					
Hand breit gehalten?					
Ball aktiv mit einer Handgelenksbewegung zu Boden gedrückt?					
Blick vom Ball weg in den Raum gerichtet?					
Schritte raumgreifend und flüssig?					

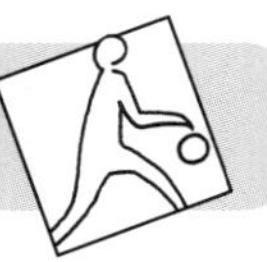

Station 1: Bankdribbeln

Aufgabe:

① **Beginner:** Alle laufen über die Bänke und dribbeln dabei den Ball auf den Boden.

② **Intermediate** Alle laufen über die Bänke und dribbeln dabei den Ball abwechselnd rechts und links auf den Boden.

③ **Champion:** Alle laufen über die schmale Seite der umgedrehten Bank und dribbeln dabei den Ball rechts und links auf den Boden.

Variante: Der Parcours wird rückwärts durchlaufen.

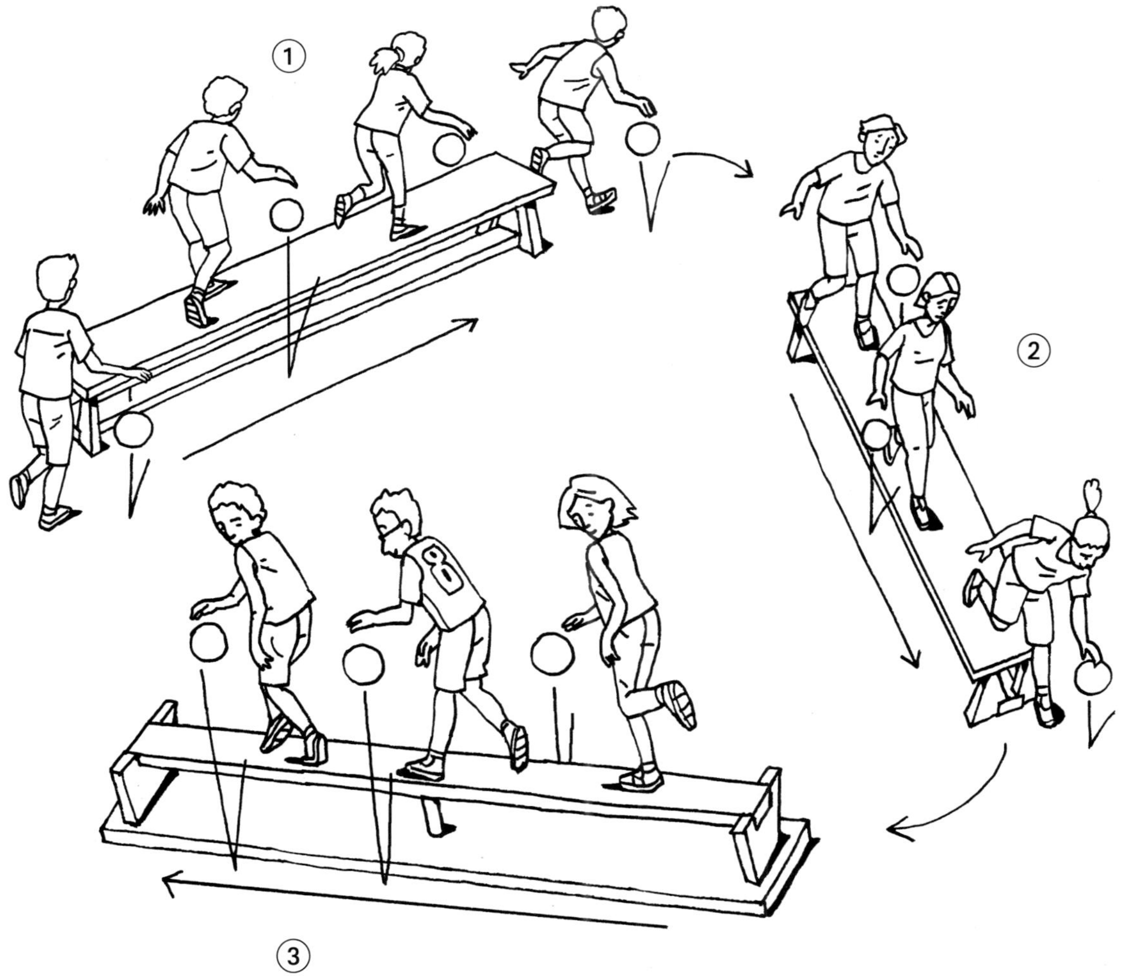

Material: 1 Basketball pro Spieler, Bänke

Schüleranzahl: 5–10

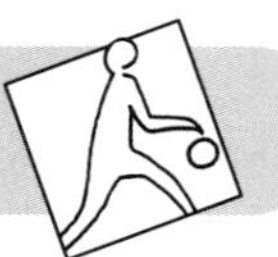

Station 2: Slalomlauf

Aufgabe:

① **Beginner:** Alle dribbeln mit dem Ball zunächst durch die Pylonen und über die Bank, wobei der Ball den Boden berührt. Dribbelt anschließend über die Matte, wobei der Ball seitlich gedribbelt wird, und über die Kästen. Abschließend soll der Ball in die Mitte der Reifen gedribbelt werden.

② **Intermediate:** Alle dribbeln durch den Parcours und versuchen, die Strecke mit ihrer schwachen Hand zu durchlaufen. Könnt ihr auch auf der Bank bzw. auf den Kästen dribbeln?

③ **Champion:** Alle versuchen, den Parcours seitwärts und rückwärts zu durchlaufen. Könnt ihr das auch mit eurer schwachen Hand?

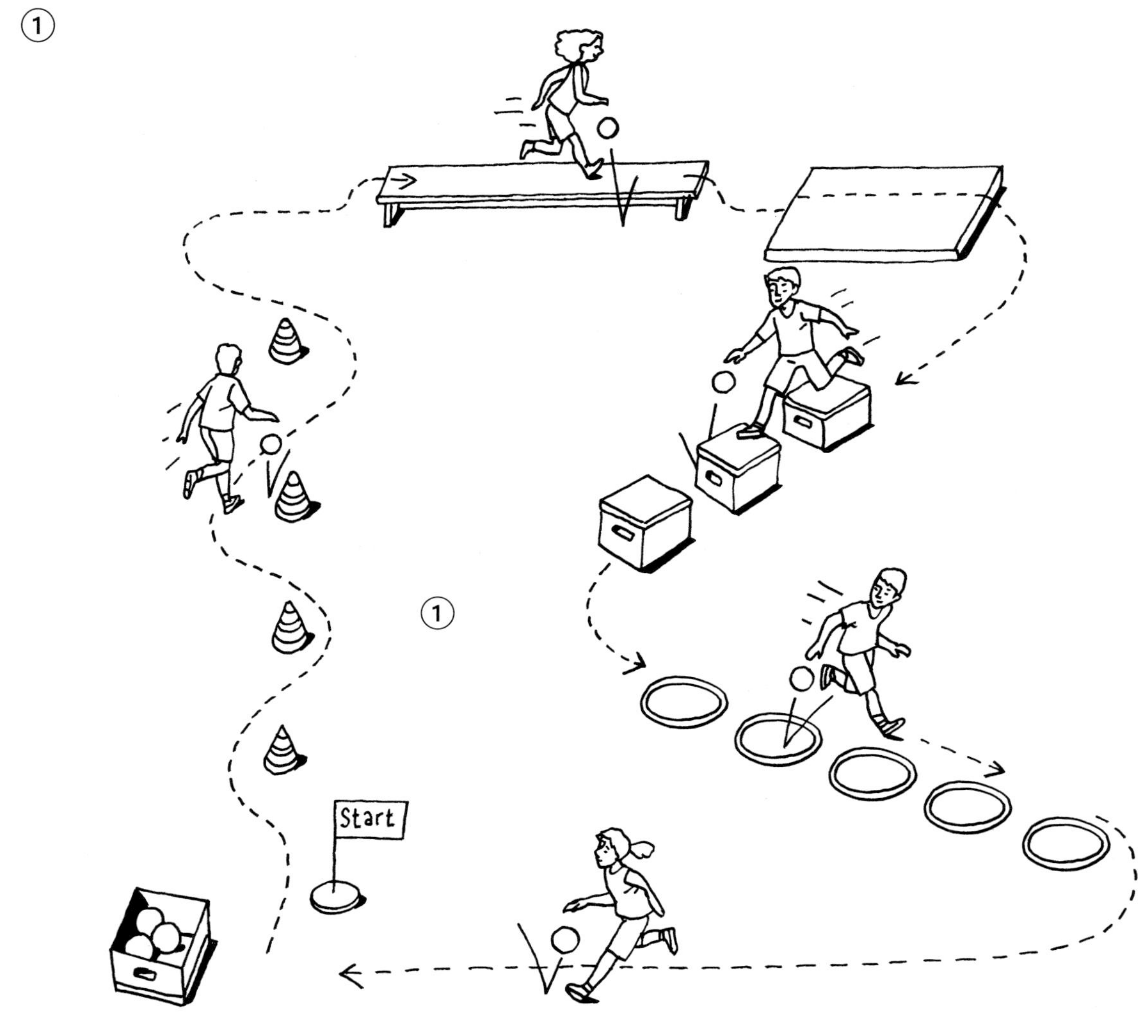

Material: 1 Basketball pro Spieler, Material zum Abstecken einer Slalomstrecke (Gymnastikreifen, Pylonen, Bänke, kleine Kästen, Matten)

Schüleranzahl: 5–10

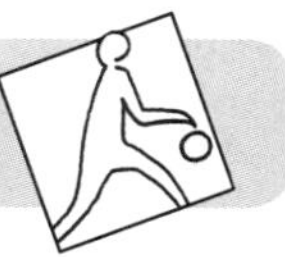

Station 3: Sei mein Spiegelbild

Aufgabe:

A und B stehen sich gegenüber. A macht Bewegungsformen mit dem Ball vor. B versucht, diese spiegelverkehrt nachzuahmen.

① **Beginner:** Versucht, den Ball hoch und tief zu dribbeln. Wechselt zwischen der rechten und linken Hand.

② **Intermediate:** Versucht, den Ball vor/hinter/neben eurem Körper hoch/tief zu dribbeln. Wechselt zwischen der rechten und linken Hand. Könnt ihr auch im Sitzen/Liegen dribbeln?

③ **Champion:** Versucht, den Ball um euren Körper im Stehen/Sitzen/in Schrittstellung durch eure Beine zu dribbeln. Könnt ihr das auch mit zwei Bällen?

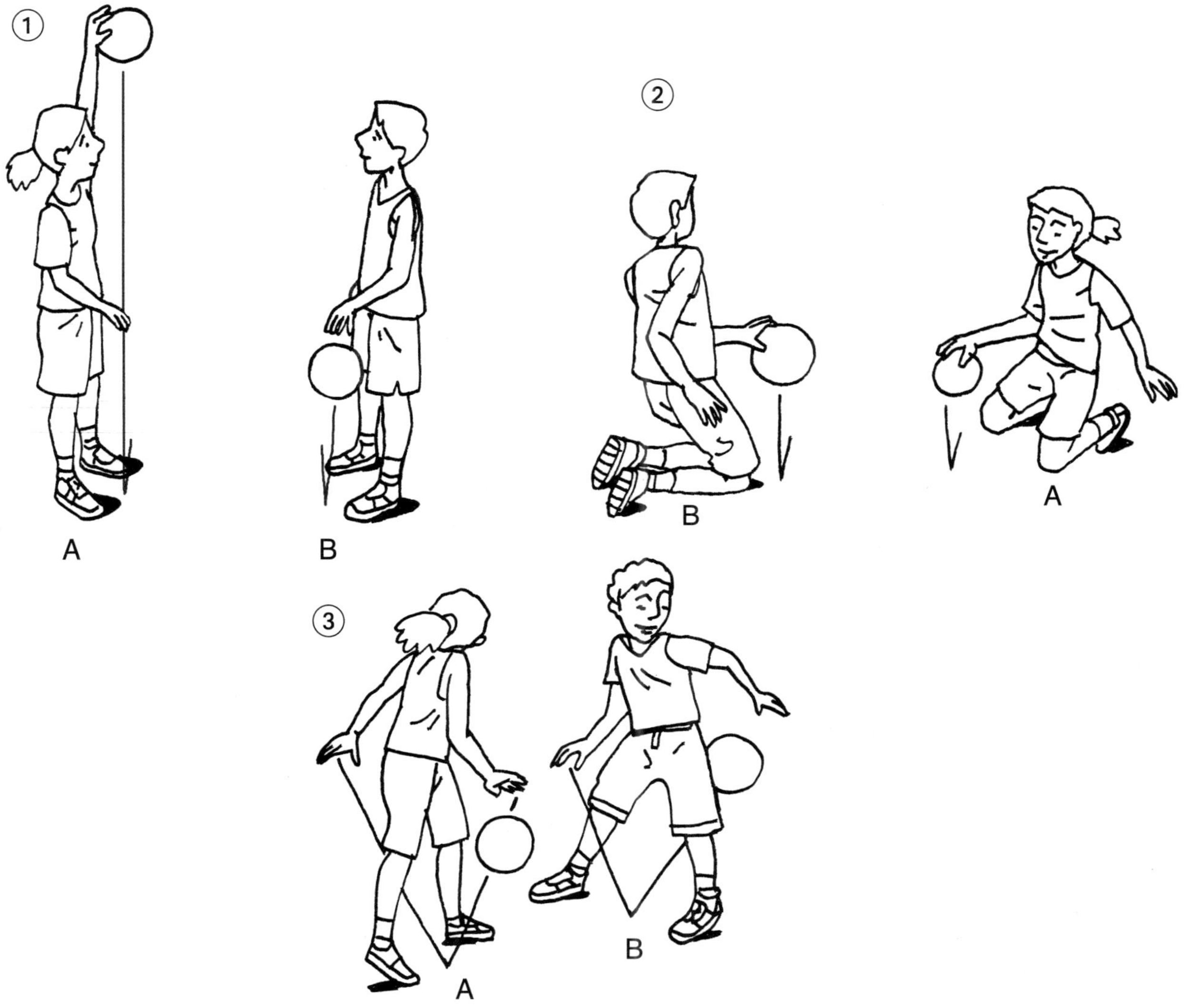

Material: 1–2 Basketbälle pro Spieler

Schüleranzahl: 2

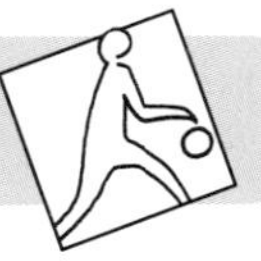

Station 4: Dribbelstaffel

Aufgabe:

Die Teammitglieder stellen sich hintereinander auf, sodass die verschiedenen Teams zusammen einen großen Kreis bilden. Die mit 1 bezeichneten Teammitglieder starten auf ein Zeichen, dribbeln den vorgeschriebenen Weg und übergeben den Ball an die mit 2 bezeichneten Teammitglieder usw.

① **Beginner:** Dribble den Ball entlang des Kreises an den anderen Teams vorbei und stelle dich hinter dein letztes Teammitglied.

② **Intermediate:** Dribble den Ball entlang des Kreises durch die Teams (Slalom) hindurch und stelle dich hinter dein letzes Teammitglied. Die Teammitglieder dürfen nicht behindert werden.

③ **Champion:** Dribble den Ball mit deiner schwachen Hand entlang des Kreises durch die Teams (Slalom) hindurch. Versuche, beim Slalomdribbling deine Hand zu wechseln. Stelle dich hinter dein letztes Teammitglied. Die Teammitglieder dürfen nicht behindert werden.

Variante 1: Welches Team dribbelt am schnellsten?

Variante 2: Welches Team hat die wenigsten Ballverluste?

Variante 3: Welches Teammitglied dribbelt am sichersten?

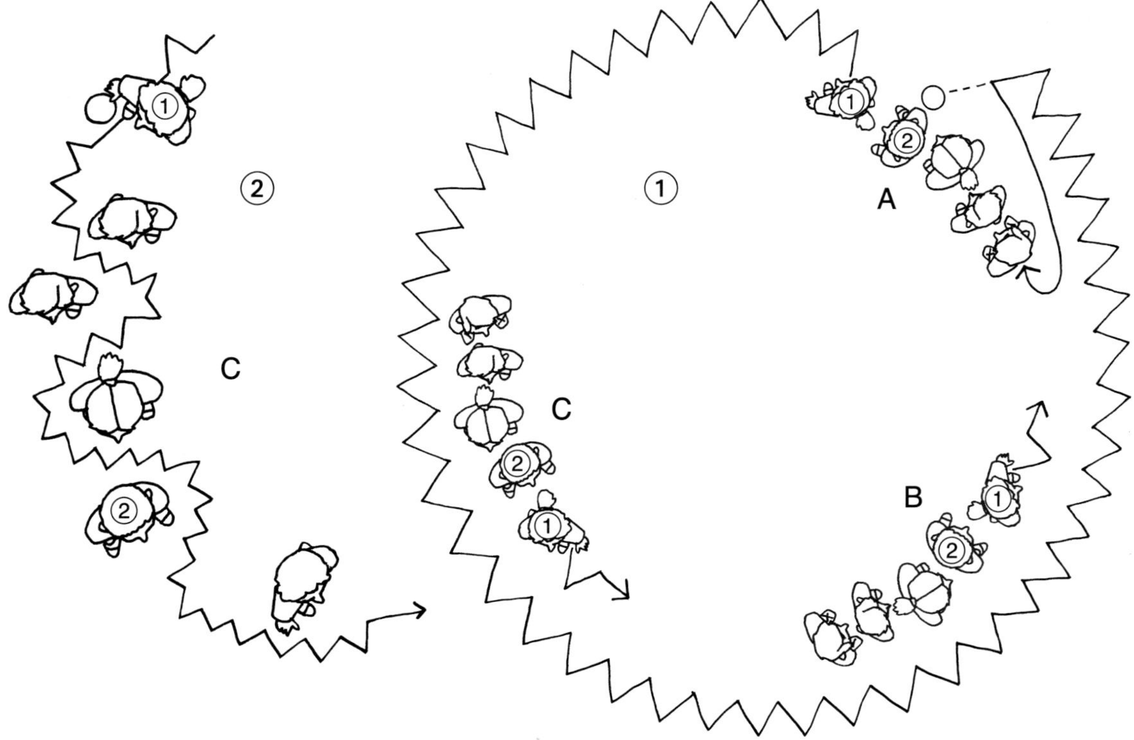

Material: 1 Basketball pro Team

Schüleranzahl: 2–5 Teams mit 5 Schülern

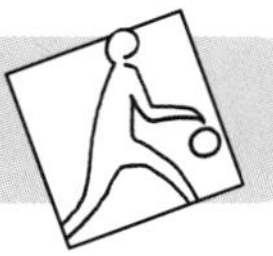

Station 5: Spielform – Folge meinem Schatten

Aufgabe:

A dribbelt kreuz und quer durch die Halle. Dabei verändert A auf ein Zeichen der Lehrkraft das Dribbling (Richtung, Tempo, hoch, tief, liegend etc.). B folgt A und versucht, die Bewegungsformen zu imitieren.

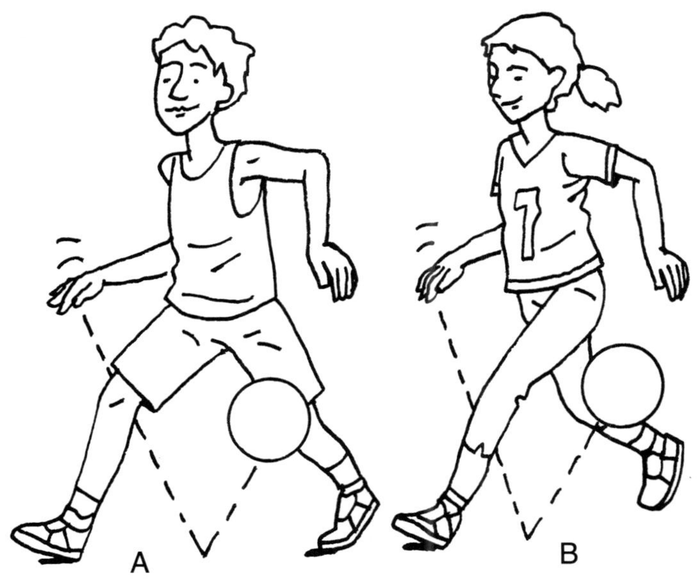

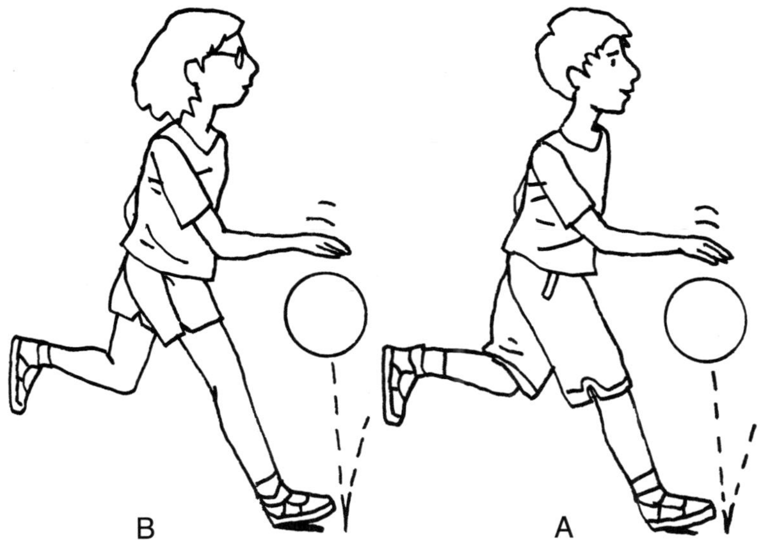

Material: 1 Basketball pro Spieler

Schüleranzahl: 2

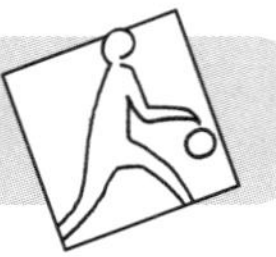

Station 6: Spielform – Balldieb

Aufgabe:

Der Fänger versucht, möglichst vielen Spielern den Ball wegzuspielen. Wer den Ball verliert, wird zum Fänger.

Variante 1: Die Spieler dürfen nur mit rechts oder links bzw. vorwärts oder rückwärts dribbeln.

Variante 2: Zwei gleich große Teams stehen sich gegenüber und versuchen, auf ein Signal hin sich gegenseitig die Bälle wegzuschlagen.

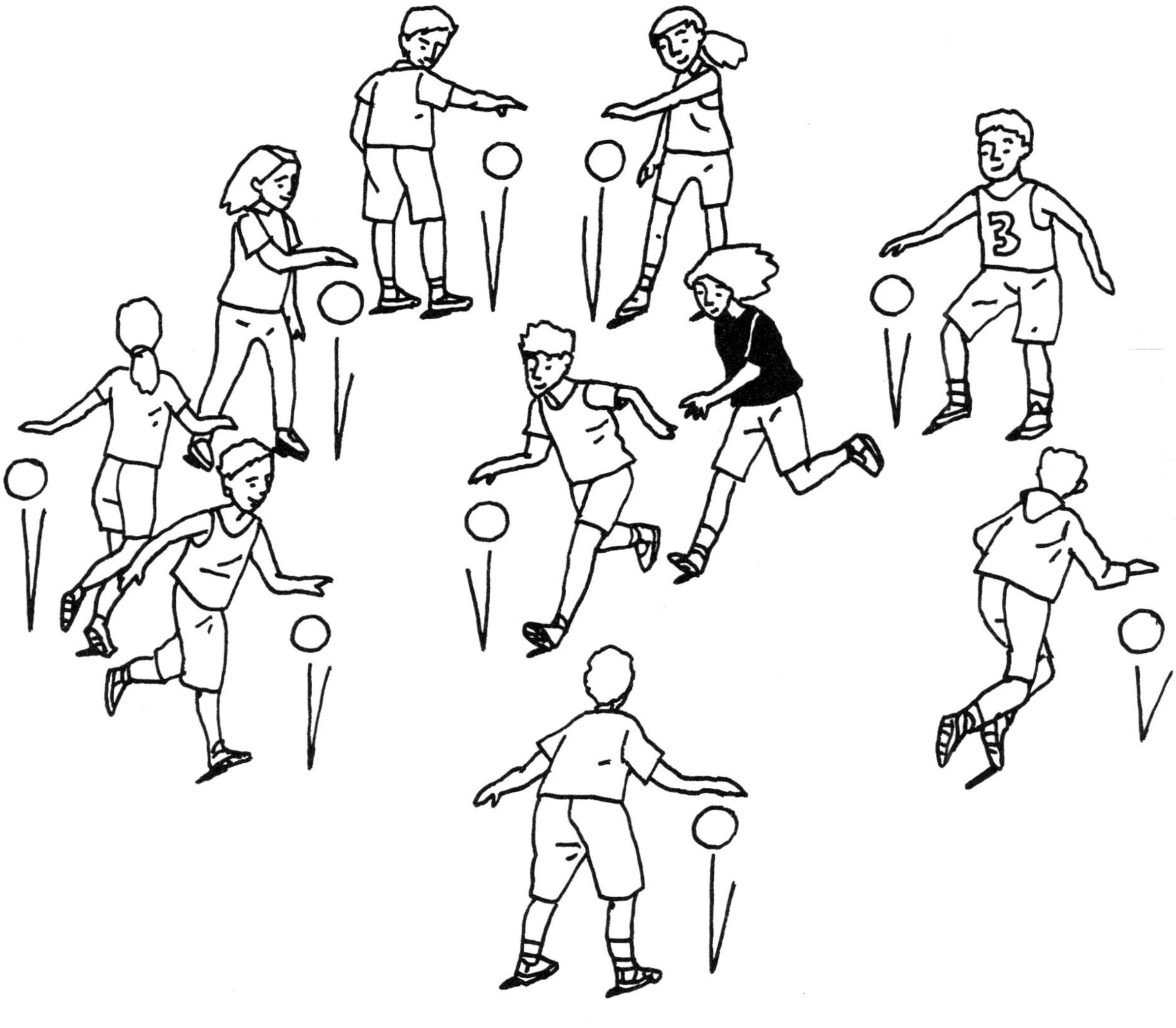

Material: 1 Basketball pro Spieler, 1 Fänger

Schüleranzahl: 8

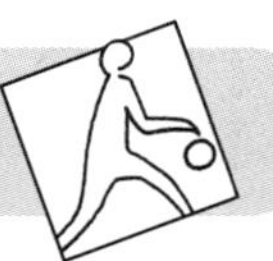

Station 7: Spielform – Meister des Dribblings

Aufgabe:

Es gibt vier verschiedene Zonen, die durch Pylonen gekennzeichnet werden. Ziel ist es, möglichst schnell in das vierte Spielfeld zu gelangen. Zu Beginn starten alle Spieler dribbelnd in der ersten Zone und versuchen, sich gegenseitig den Ball wegzuschlagen. Ist der Spieler erfolgreich, darf er ein Feld weiterrücken. Wer den Ball verliert, muss ein Feld zurück. Wer wird Meister des Dribblings?

Variation 1: Die Spieler dürfen nur mit rechts bzw. links dribbeln.

Variante 2: Die Spieler dürfen nur sitzend dribbeln.

Variante 3: Bei Ballverlust ist der Neustart immer in Zone 1.

Variante 4: Bei Ballverlust in Zone 1 muss der Spieler einmal um die kompletten vier Felder dribbeln.

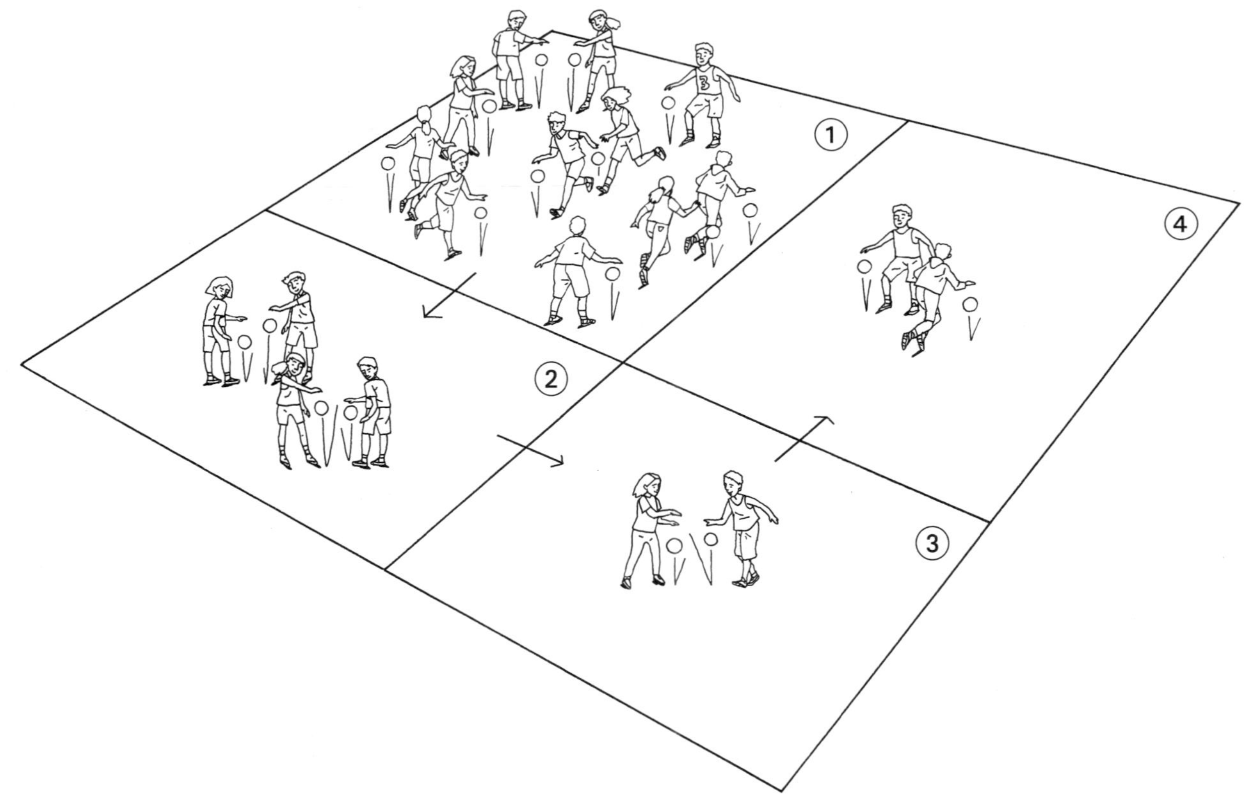

Material: 1 Basketball pro Spieler, vier gleich große Felder, Pylonen

Schüleranzahl: 10

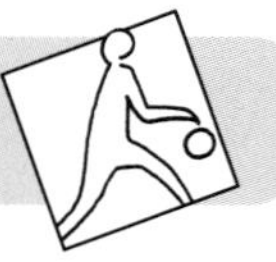

Station 8: Spielform – Dribbelstaffel mit Korbwurf

Aufgabe:

Die vier Teams verteilen sich jeweils rechts und links vom Basketballkorb. Dabei stellen sich die Teammitglieder hintereinander auf. Die mit 1 bezeichneten Teammitglieder dribbeln zum Korb und versuchen, einen Korb zu erzielen. Jedes Teammitglied hat dabei drei Versuche. Nach einem Treffer bzw. nach dem dritten Fehlversuch dribbelt 1 weiter durch die erste Gruppe (Slalomdribbeln), um die zweite Gruppe herum, absolviert den Korbwurf und dribbelt durch die dritte Gruppe (Slalomdribbeln) zu seinem Team zurück. Er passt der Nummer 2 den Ball und stellt sich in seinem Team hinten an. Die mit 2 bezeichneten Teammitglieder fangen den Ball und beginnen mit dem Dribbling.

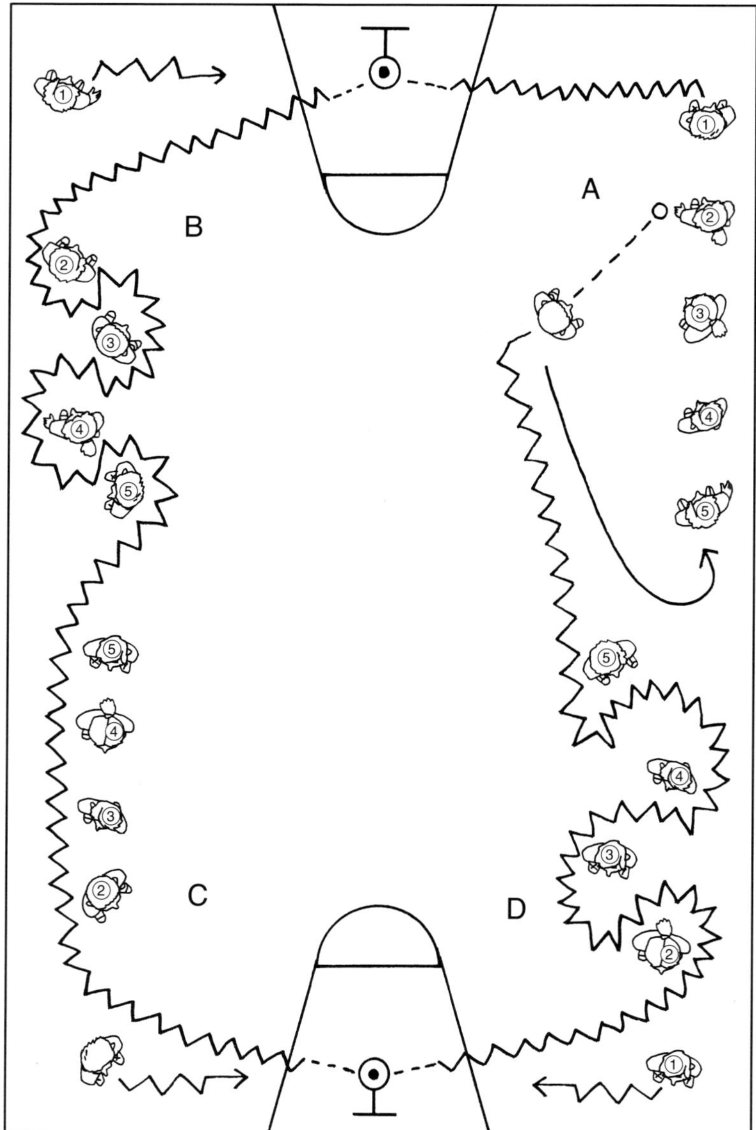

Material: gesamtes Basketballspielfeld, 1 Basketball pro Team

Schüleranzahl: 4 Teams mit je 4–5 Schülern

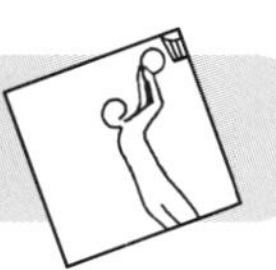

Technik-Überblick

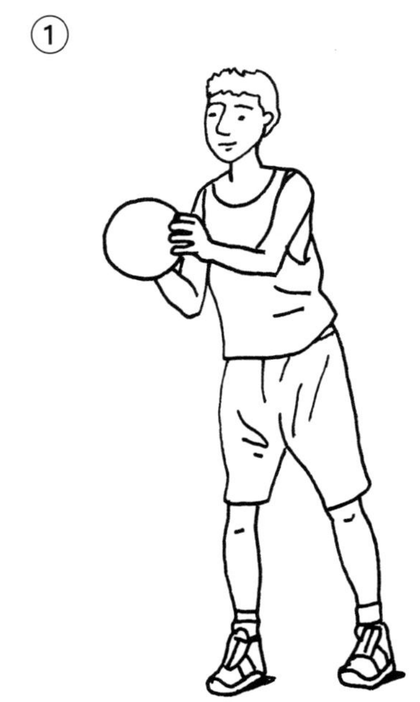

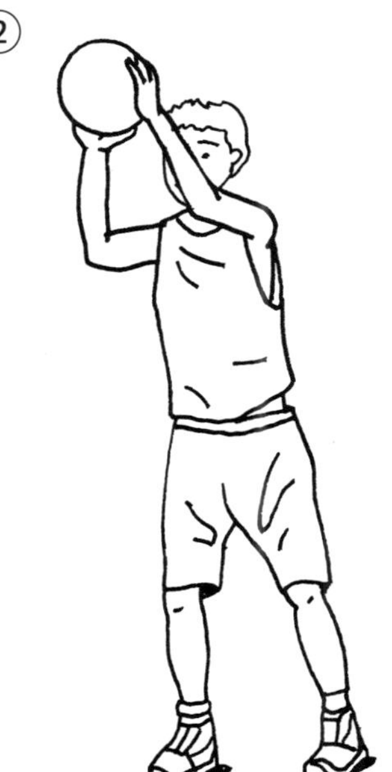

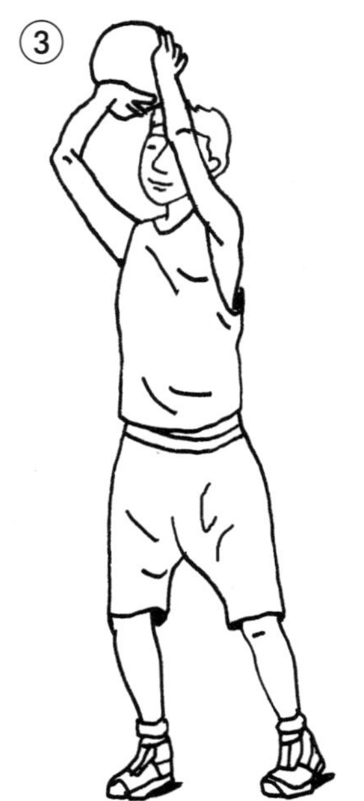

Aktive Grundstellung: ①
Ball vor dem Körper mit beiden Händen sichern
Füße parallel und hüftbreit auseinander setzen
Knie leicht beugen
Ziel suchen

Ball vor/über den Kopf führen ②
Knie beugen
Ellbogen vornehmen

Ball in eine Hand legen ③
Mit der zweiten Hand seitlich den Ball stabilisieren

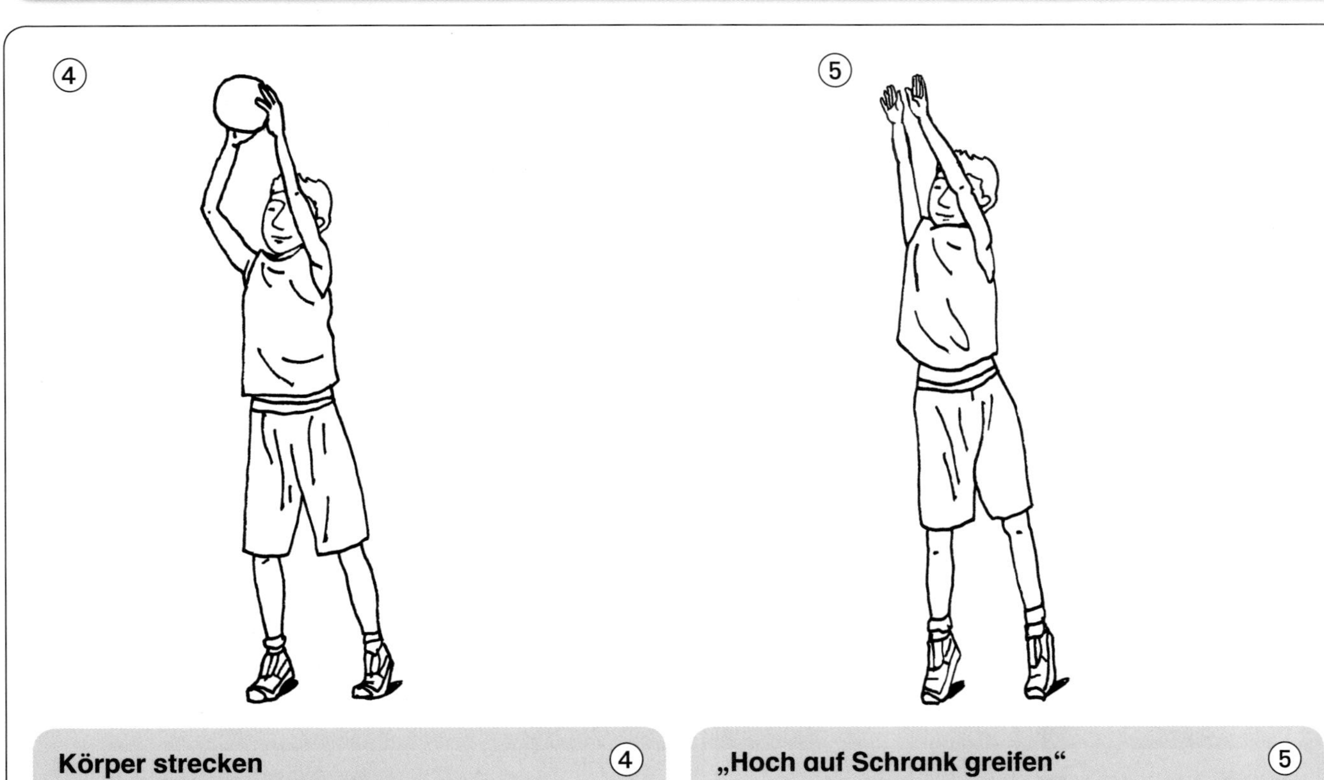

Körper strecken ④
Handgelenk aktiv abklappen

„Hoch auf Schrank greifen" ⑤

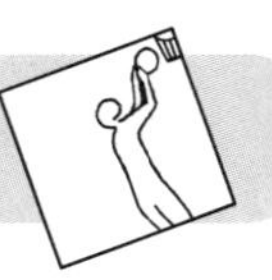

Kompetenzraster Korbwurf

Name: ______________________ Klasse: ______________

Coaching-Team: ______________________ Datum: ______________

	😀	🙂	😐	🙁	**Das muss ich noch üben**
1. Nimmt der Spieler eine gute Ausgangsposition ein?					
Füße parallel und hüftbreit auseinander gesetzt?					
Knie leicht gebeugt?					
Ball in beiden Händen vor dem Körper gesichert?					
Ziel gesucht?					
2. Wie bereitet der Spieler den Korbwurf vor?					
Wird der Ball vor/über den Kopf geführt?					
Zeigen die Ellbogen zum Korb?					
Liegt der Ball in einer Hand?					
Stabilisiert die zweite Hand seitlich den Ball?					
3. Wie spielt der Spieler den Ball?					
Erfolgt der Wurf aus einer Ganzkörperstreckung?					
Wird der Wurfarm schwunghaft nach oben gestreckt?					
Klappt das Handgelenk aktiv ab?					

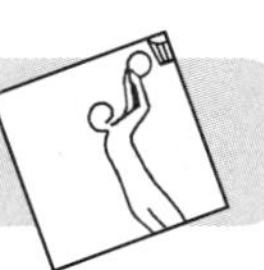

Station 1: Korbwurf mit Passen

Aufgabe:

① **Beginner:** A ist fester Zuspieler und passt den Ball zu B. B wirft den Ball von der Markierung auf den Korb, sammelt den Ball nach dem Wurf ein und legt diesen zurück in den Kasten. Die Abstände zum Korb können individuell verändert werden.

② **Intermediate:** A wirft von einer Markierung auf den Korb, läuft dem Ball hinterher, nimmt ihn auf und passt nach außen B zu. B wirft den Ball C zu, der bereit zum Werfen ist, und wechselt seine Position. Jeder läuft seinem Pass nach. Die Abstände zum Korb können individuell verändert werden.

③ **Champion:** A wirft von einer Markierung auf den Korb, läuft dem Ball hinterher und passt ihn nach außen zu B. B nimmt den Ball an und dribbelt zur Wurfposition. A wechselt auf die Anspielposition und wartet auf den Pass. Die Positionen rotieren nach jedem Wurf.

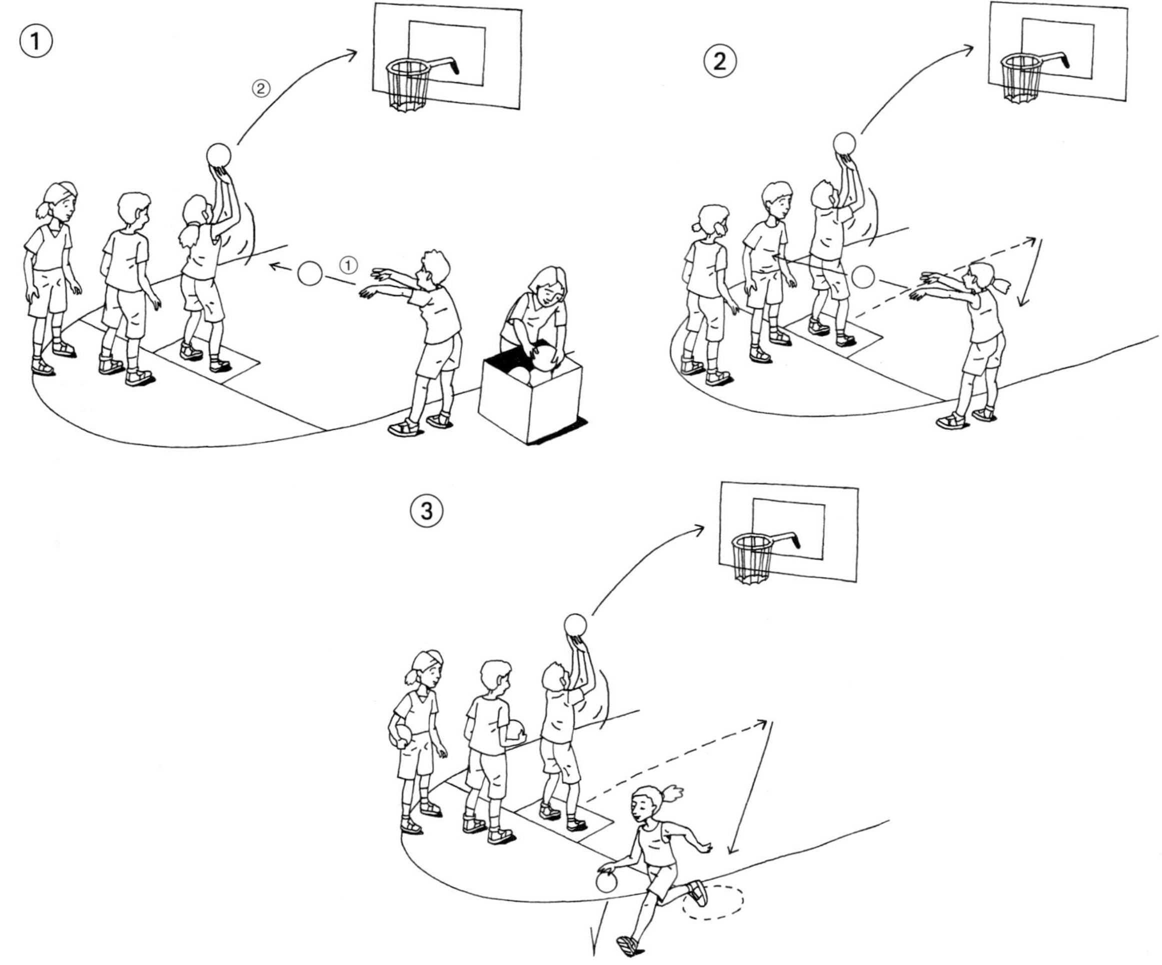

Material: 1 Basketballkorb, 1 Basketball pro Spieler, 1 großer Kasten, Markierungen (evtl. Teppichfliesen)

Schüleranzahl: 4–8

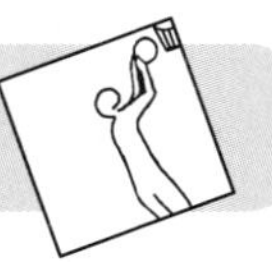

Station 2: Spielform – Around the world

Aufgabe:

Vier Teams stellen sich auf verschiedenen Positionen vor dem Basketballkorb hintereinander auf. Auf ein Signal werfen die ersten Teammitglieder der Reihe auf den Korb. Anschließend holen sie ihren Ball, passen ihn zum zweiten Teammitglied und stellen sich hinter ihrem Team auf. Zu Beginn des Spiels einigen sich die Teams auf eine bestimmte Trefferzahl (z. B. 5), bei der die Positionen gewechselt werden, und auf eine Endtrefferzahl (z. B. 20). Die Treffer werden laut mitgezählt. Welches Team hat zuerst z. B. 20 Treffer erzielt?

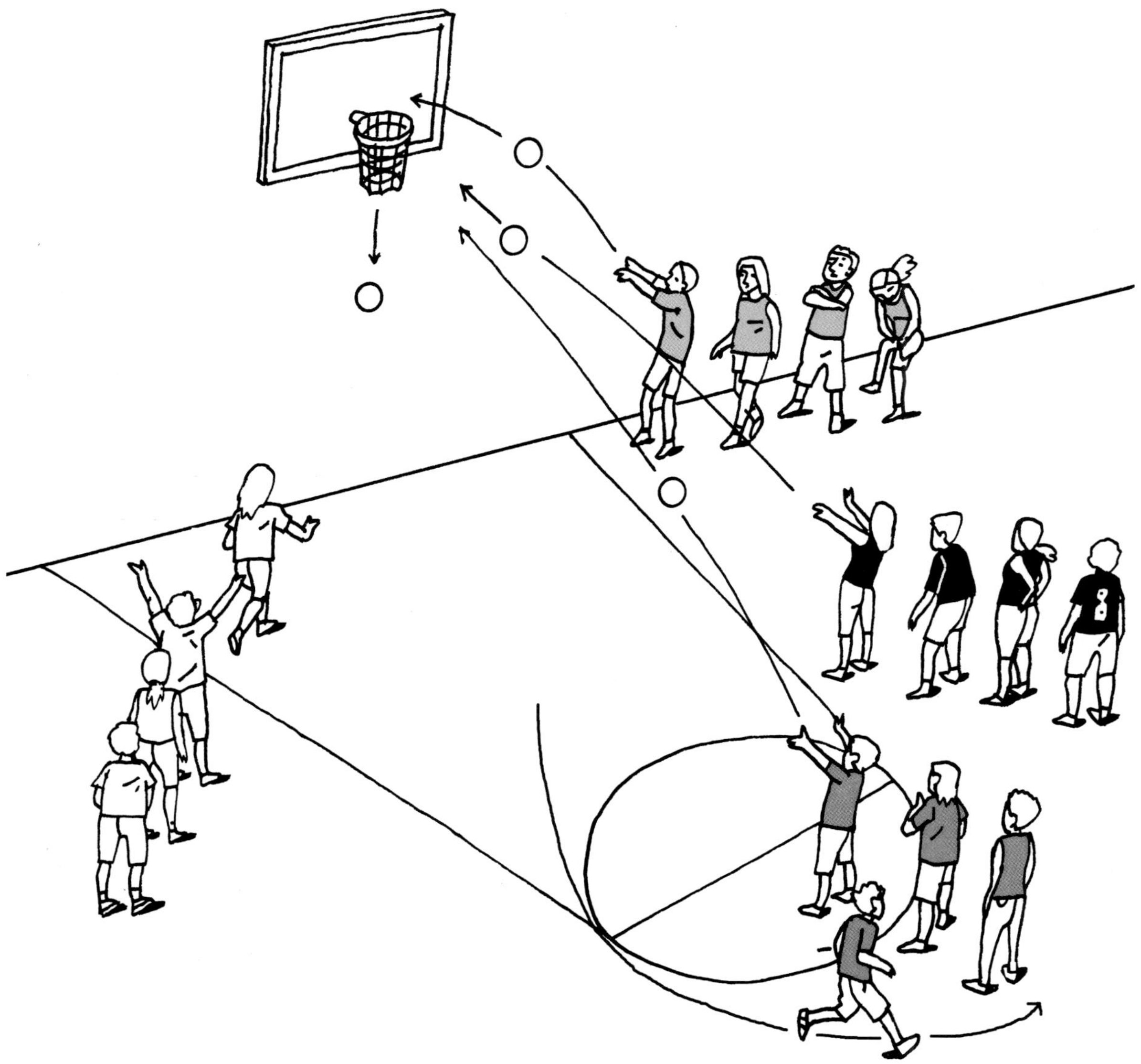

Material: 1 Basketballkorb, 1 Basketball pro Team, 4–6 Teams

Schüleranzahl: 12

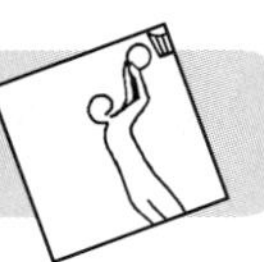

Station 3: Spielform – Bump the ball

Aufgabe:

Ziel ist es, den Korb zu treffen, bevor der Hintermann zum Korberfolg kommt.

Teammitglied A wirft von der Freiwurflinie. Sobald geworfen wurde, darf auch Teammitglied B dahinter werfen. Trifft A, wird der Ball geholt und zu C gepasst. Trifft A nicht, geht er zum Rebound und wirft von einer beliebigen Position bis zum Treffer. Trifft B vorher, scheidet A aus. Sieger ist, wer zuletzt übrig bleibt.

Variante 1: Im Spiel ist auch ein Korbleger erlaubt.

Variante 2: Jedes Teammitglied hat mehrere „Leben" bis zum Ausscheiden.

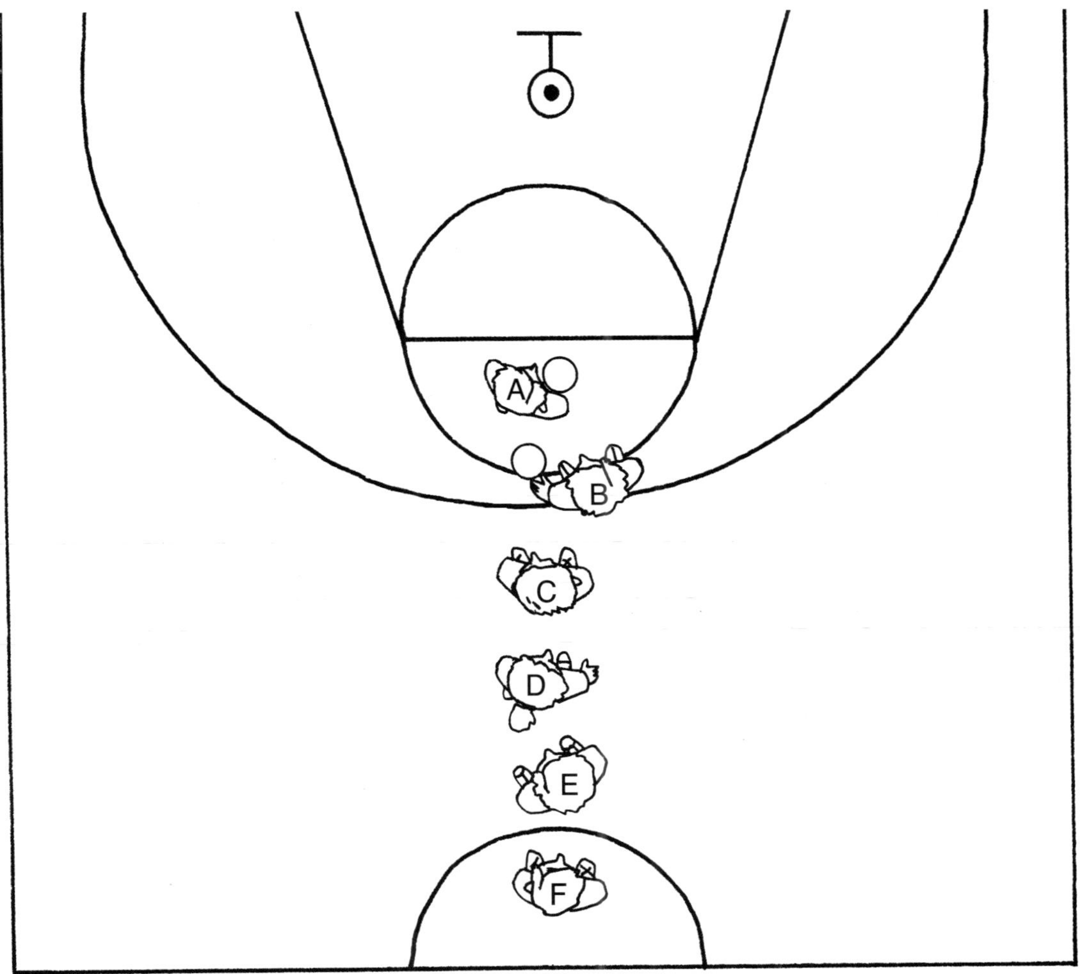

Material: 2 Bastketbälle

Schüleranzahl: 5–7 Schüler pro Korb

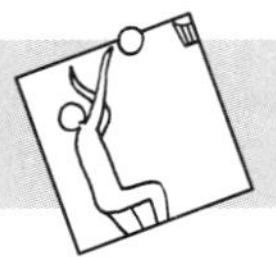

Technik-Überblick

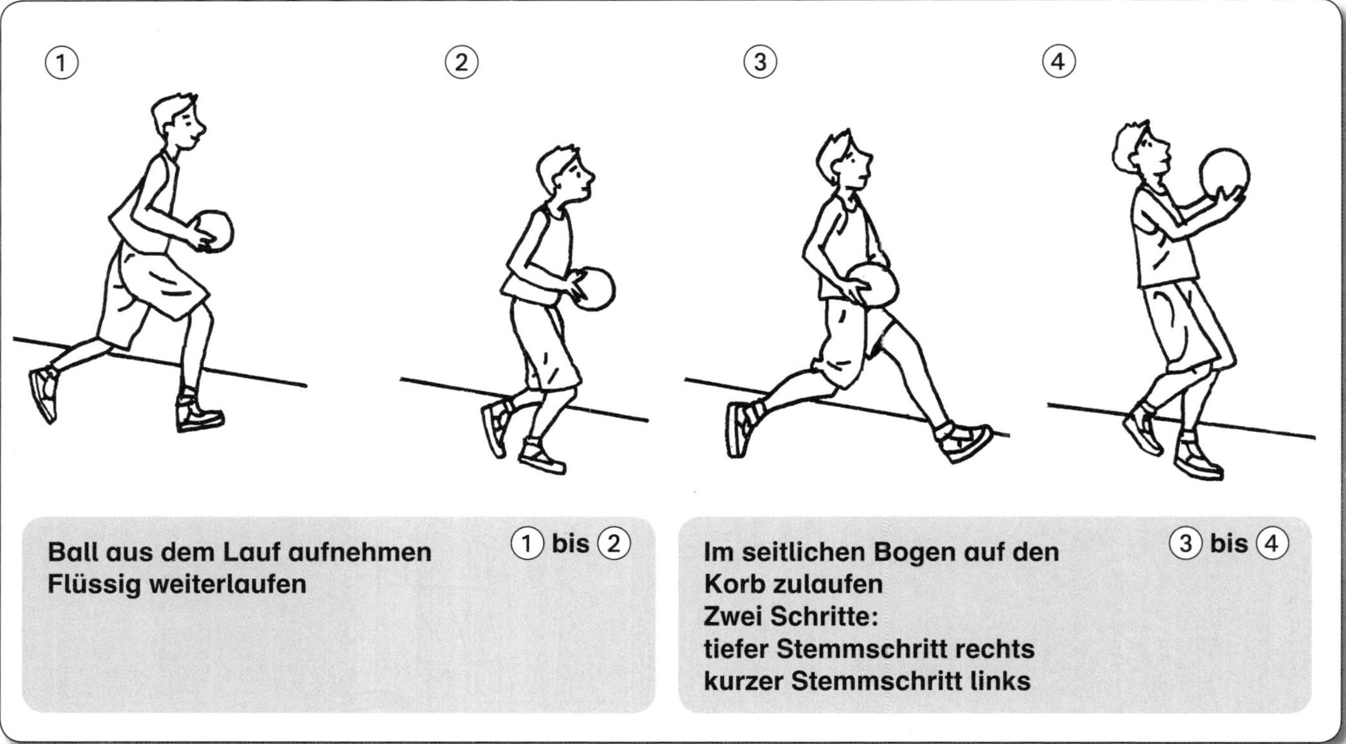

Ball aus dem Lauf aufnehmen ① bis ②
Flüssig weiterlaufen

Im seitlichen Bogen auf den Korb zulaufen ③ bis ④
Zwei Schritte:
tiefer Stemmschritt rechts
kurzer Stemmschritt links

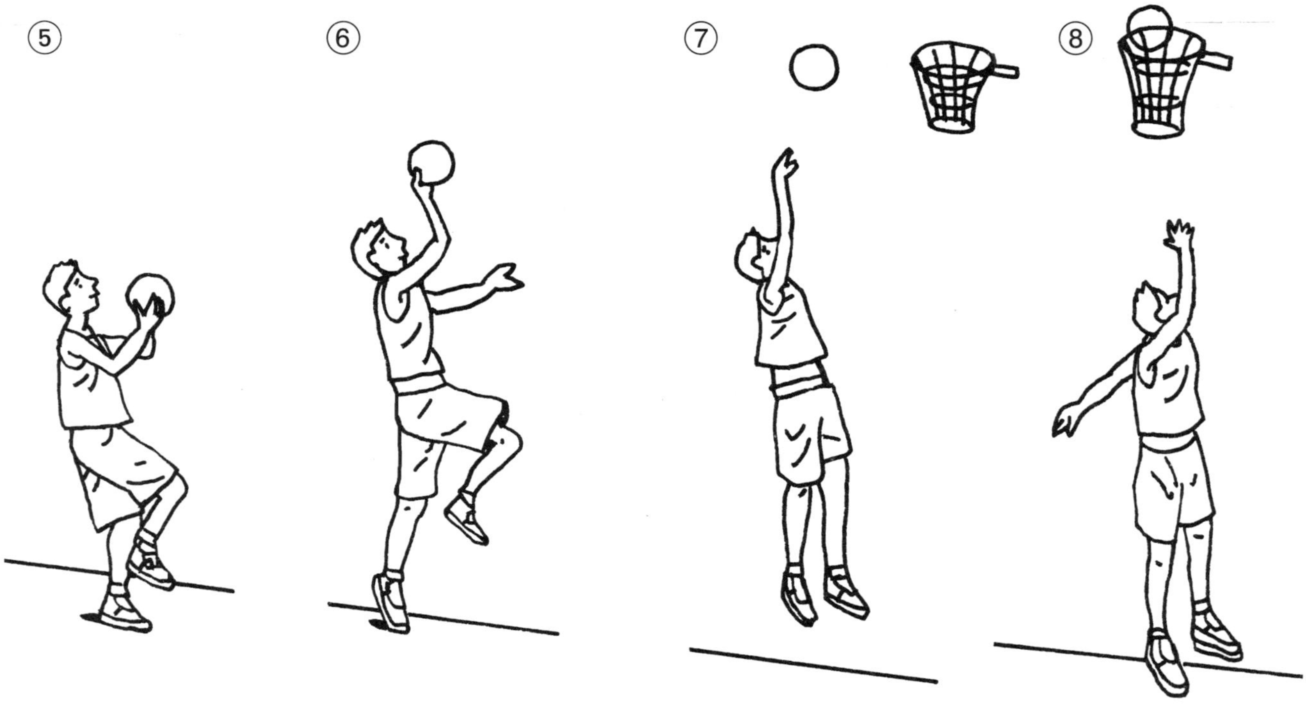

⑤ ⑥ ⑦ ⑧

Einbeiniger Absprung ⑤ bis ⑥
Schwungbein hochreißen
Ball in Wurfhaltung bringen

Wurfarm strecken ⑦ bis ⑧
Druckwurf mit Abknicken im Handgelenk
Brett zum Treffen nutzen
Beidbeinig landen

A. Schmidt-Größer/M. Jobst/F. Moog: Volleyball und Basketball am Gymnasium

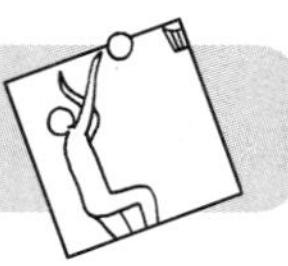

Kompetenzraster Korbleger

Name: ______________________ Klasse: ______________

Coaching-Team: ______________________ Datum: ______________

	😀	🙂	😐	🙁	Das muss ich noch üben
1. Wie bereitet der Spieler den Korbleger vor?					
Ball aus dem Lauf aufgenommen?					
Flüssig weitergelaufen?					
Anlauf:					
Zulauf auf den Korb im seitlichen Bogen?					
Schrittführung regelgerecht nach dem Zwei-Schritt-Rhythmus (Rechtshänder):					
1. Langer Schritt: rechter Fuß setzt auf, Körperschwerpunkt wird gesenkt?					
2. Kurzer Stemmschritt links?					
Absprung:					
Absprung einbeinig?					
Schwungbein aktiv nach oben geführt?					
Ball in Wurfhaltung gebracht?					
2. Wie spielt der Spieler den Ball?					
Brett genutzt?					
Wurfarm gestreckt?					
Wurf aus Fingern und Handgelenk?					
Handgelenk aktiv abgeklappt?					
Landung beidbeinig?					

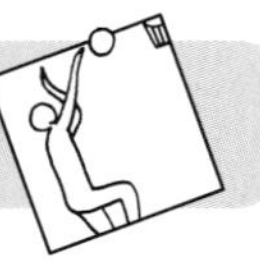

Station 1: Rechts-links-Korbleger

Aufgabe:

① **Beginner:** Stelle dich seitlich ca. zwei Meter vor dem Korb auf und halte den Ball. Nutze Markierungen, um dich besser zu orientieren. *Rechtshänder:* Mache nun einen Schritt rechts, springe mit dem linken Bein ab und wirf in den Korb. *Linkshänder:* Schritt links, Absprung mit rechtem Bein, Korbwurf.

② **Intermediate:** Stelle dich an eine Markierung seitlich vom Korb auf. *Rechtshänder:* Führe den ersten Schritt links aus und dribble dabei den Ball mit der rechten Hand. Danach folgt ein Schritt rechts und der Absprung mit dem linken Bein. Wirf den Ball in den Korb. *Linkshänder:* Schritt rechts, Dribbling mit linker Hand, Schritt links, Absprung mit rechts, Korbwurf. Kannst du auch vor dem Korbleger öfter auf der Stelle dribbeln?

③ **Champion:** Stelle dich rechts oder links an einer Markierung vor dem Korb auf. Dribble auf den Korb zu und führe den Korbleger abwechselnd mit der rechten und linken Hand aus.

Tipp: Rechts: Ball: rechte Hand, Schritte: links-rechts-links
Links: Ball: linke Hand, Schritte: rechts-links-rechts

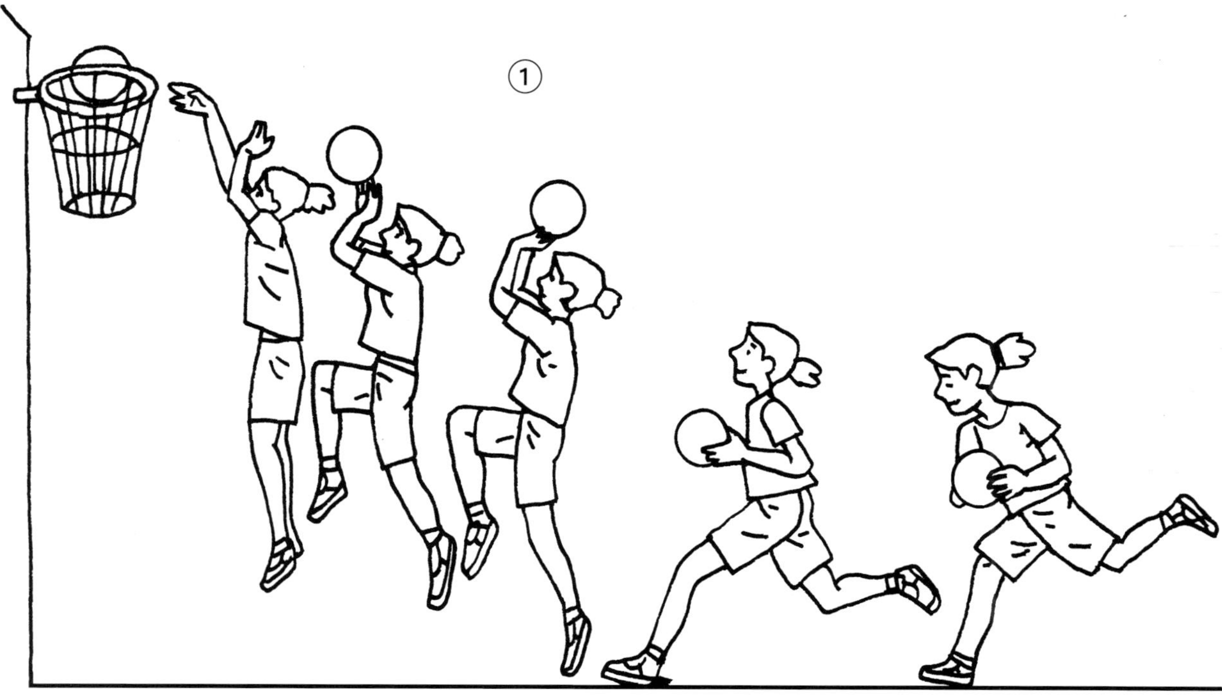

Material: 1 Basketballkorb, 1 Basketball, Markierungen (evtl. Teppichfliesen)

Schüleranzahl: 1

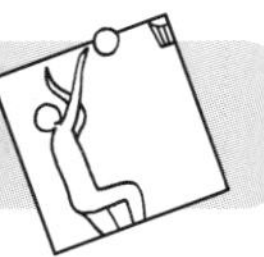

Station 2: Spielform – Wettkampf am Korb

Aufgabe:

Team A und B spielen jeweils auf einen eigenen Basketballkorb. In der Mitte des Spielfeldes befinden sich zwei Kästen mit Bällen. Auf ein Signal starten die ersten Teammitglieder von dort dribbelnd zum Korb und versuchen, mit dem Korbleger zum Korberfolg zu kommen. Nach eigenem Rebound wird der Ball bei Korberfolg dribbelnd in den Kasten des gegnerischen Teams gelegt. Bei erfolglosem Korbleger wird der Ball dribbelnd in den eigenen Kasten gelegt. Welches Team hat als Erstes keine Bälle mehr? Welches Team hat nach fünf Minuten weniger Bälle?

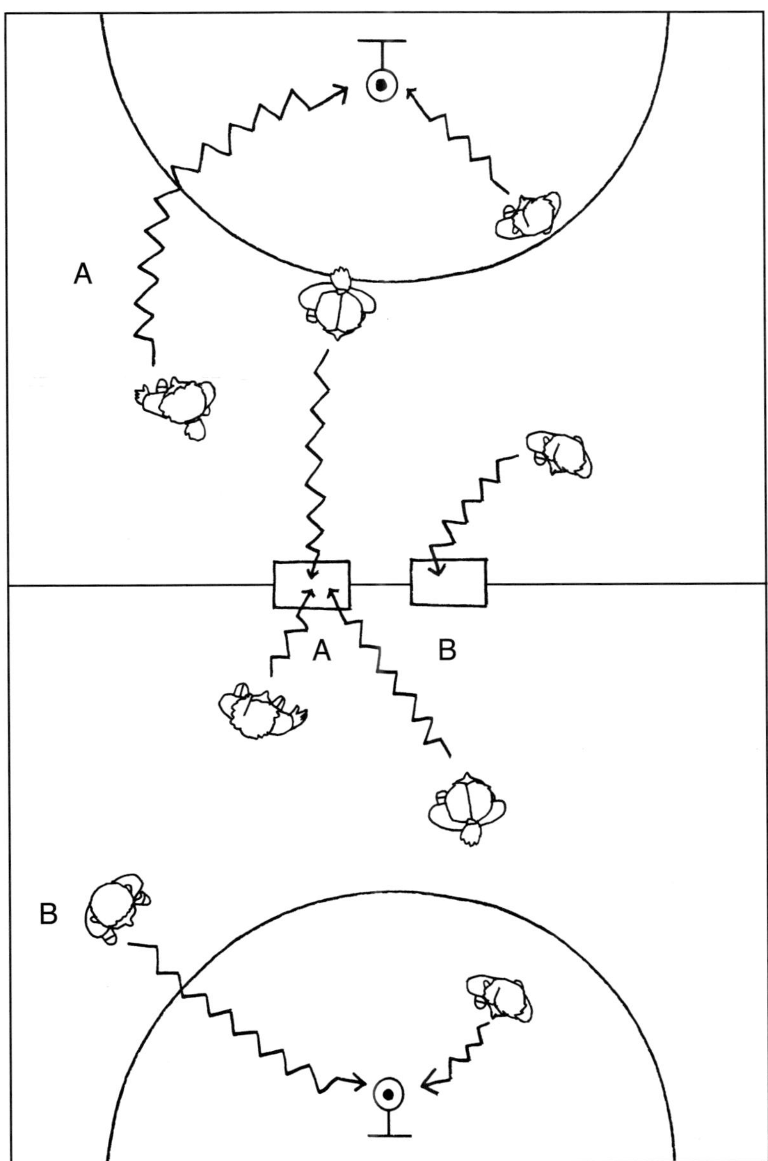

Material: 2 Basketballkörbe, 1 Basketball pro Teammitglied, 2 große Kästen (ohne Deckel)

Schüleranzahl: 8

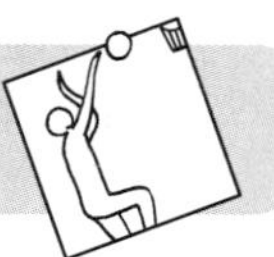

Station 3: Spielform – 2:1 auf einen Korb

Aufgabe:

A und B passen sich den Ball zu. C verteidigt den Korb. A und B versuchen, mithilfe des Korblegers einen Korb zu erzielen. Nach einem Korberfolg wechseln die Positionen bzw. das nächste Paar greift an.

Variante 1: Ein Korberfolg ist auch durch Korbwurf möglich.

Variante 2: Es darf mit Dribbling gespielt werden.

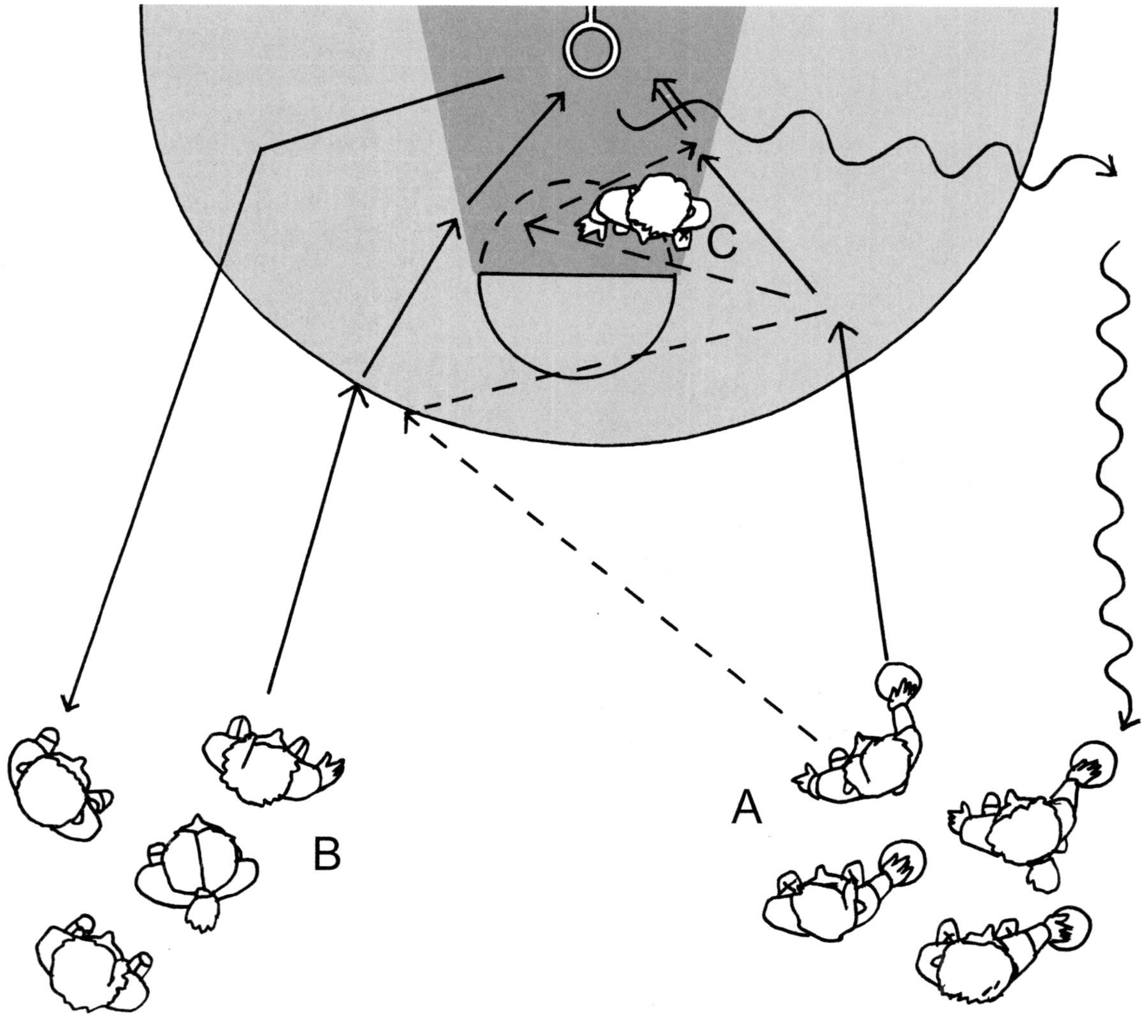

Material: 1 Basketballkorb, 1 Basketball pro Team

Schüleranzahl: 3–10

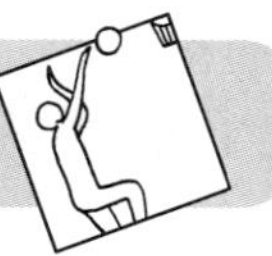

Station 4: Spielform – Kastenbasketball

Aufgabe:

Team A und B spielen jeweils auf einen eigenen Basketballkorb. In den Freiwurfkreisen und in der Mitte des Spielfeldes steht jeweils ein kleiner Kasten. Darauf stehen die neutralen Teammitglieder. Diese dürfen von der angreifenden Mannschaft angespielt und somit in das Spiel mit einbezogen werden. Sie dürfen nur passen und keinen Korb erzielen.

Jeder Korberfolg zählt zwei Punkte. Die Mannschaft mit den meisten Punkten gewinnt.

Alternative Regeln:
- Das Dribbling ist verboten
- Es müssen vor einem Korbwurf mindestens fünf Pässe gespielt werden.

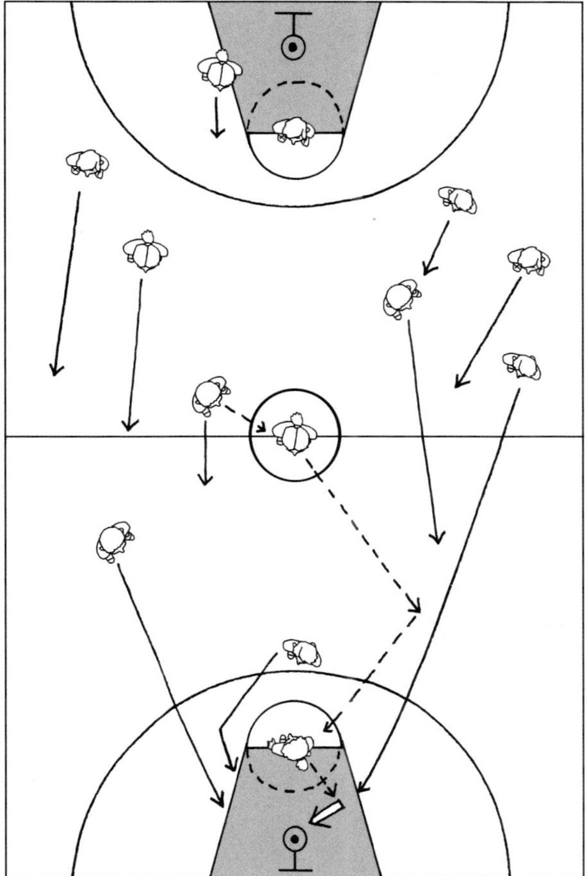

Material: 2 Körbe, 3 kleine Kästen, 1 Basketball, Teamhemden oder Mannschaftsbänder

Schüleranzahl: 13

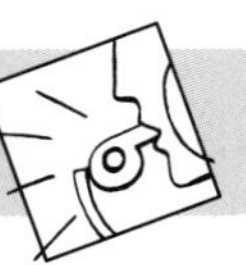

Teamdeckblatt

(– Foto des Teams –)

____

Teamname

Teammitglieder:

________________ ________________

________________ ________________

________________ ________________

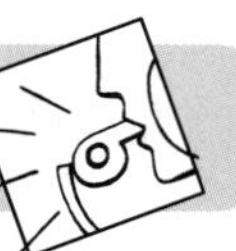

Vertrag Coach

über den Umgang mit den Lernenden in meinem Team

Ich, der Coach, werde folgende Regeln einhalten:

- Ich werde fair im Umgang mit meinen Teammitgliedern sein und kein Teammitglied bevorzugen.
- Ich bemühe mich um eine gute Fehlerkorrektur.
- Ich werde versuchen, geduldig im Umgang mit meinen Teammitgliedern zu sein.
- Die von mir gestellten Übungen/Aufträge sollten für alle machbar sein, d. h., ich verlange keine Unmöglichkeiten.
- Ich werde Kritik annehmen, wenn sie begründet vorgetragen wird.

______________________________, den ____________________

____
(Unterschrift des Coaches)

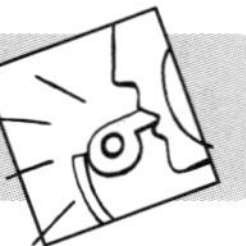

Vertrag Teammitglied

über den Umgang mit meinem Coach

Ich, das Teammitglied, werde folgende Regeln einhalten:

- Ich werde auf die Erklärungen und Anweisungen meines Coaches hören und die Aufgaben/Übungen ausführen, so gut ich kann.
- Dabei werde ich geduldig sein, wenn etwas nicht sofort gelingt, und weiter mitmachen.
- Ich werde Kritik annehmen, wenn sie begründet vorgetragen wird.

______________________________, den ______________________

____
(Unterschrift des Teammitglieds)

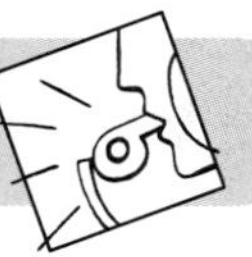

Team: ______________________ Datum: ______________

Protokollführung: ______________________

Besprechungsprotokoll

① Welcher Trainingsschwerpunkt liegt der heutigen Stunde zugrunde?

____

____

② Evaluation der Trainingseinheit:

a) Womit sind wir zufrieden?

____

____

____

b) Welche Schwierigkeiten sind aufgetreten? Wie wurden diese gelöst?

____

____

____

③ Evaluation des Spiels:

a) Womit sind wir zufrieden?

____

____

____

b) Welche Verbesserungsvorschläge gibt es?

____

____

____

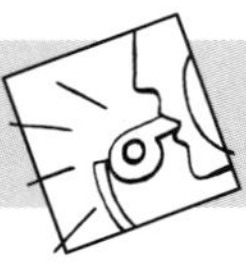

Teamname: ______________________ Datum: __________

Name des Coaches: ______________________

Bewertungsbogen Coach

1 = trifft voll zu   2 = trifft größtenteils zu   3 = mal so, mal so   4 = trifft weniger zu   5 = trifft nicht zu

① Mein Coach war immer gut vorbereitet.

☐ 1   ☐ 2   ☐ 3   ☐ 4   ☐ 5

② Mein Coach hat die Übungen verständlich erklärt.

☐ 1   ☐ 2   ☐ 3   ☐ 4   ☐ 5

③ Mein Coach hat voranbringend korrigiert.

☐ 1   ☐ 2   ☐ 3   ☐ 4   ☐ 5

④ Mein Coach hatte einen netten und freundlichen Umgangston.

☐ 1   ☐ 2   ☐ 3   ☐ 4   ☐ 5

⑤ Ich habe mich durch das Training bei ihm technisch verbessert.

☐ 1   ☐ 2   ☐ 3   ☐ 4   ☐ 5

⑥ Seine Anweisungen während des Spiels haben mir geholfen.

☐ 1   ☐ 2   ☐ 3   ☐ 4   ☐ 5

⑦ Ich hatte manchmal das Gefühl, als hätte er keine Lust.

☐ 1   ☐ 2   ☐ 3   ☐ 4   ☐ 5

⑧ Das Training bei ihm war abwechslungsreich.

☐ 1   ☐ 2   ☐ 3   ☐ 4   ☐ 5

⑨ Ich hatte bei ihm keine Angst, Fehler zu machen.

☐ 1   ☐ 2   ☐ 3   ☐ 4   ☐ 5

⑩ Das will ich noch unbedingt zu dieser Bewertung sagen:

____

____

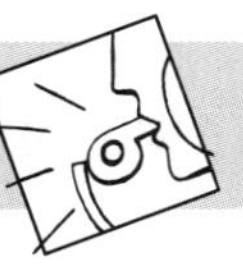

Teamname: ______________________ Datum: ____________

Name des Teammitglieds: ______________________

Bewertungsbogen Teammitglied

1 = trifft voll zu 2 = trifft größtenteils zu 3 = mal so, mal so 4 = trifft weniger zu 5 = trifft nicht zu

① Er/Sie hat den Auf-und Abbau unterstützt.

☐ 1 ☐ 2 ☐ 3 ☐ 4 ☐ 5

② Er/Sie war stets motiviert.

☐ 1 ☐ 2 ☐ 3 ☐ 4 ☐ 5

③ Er/Sie hat meine Anweisungen verfolgt.

☐ 1 ☐ 2 ☐ 3 ☐ 4 ☐ 5

④ Er/Sie hat eigene Ideen und Vorschläge eingebracht.

☐ 1 ☐ 2 ☐ 3 ☐ 4 ☐ 5

⑤ Er/Sie hat meine Korrekturvorschläge angenommen.

☐ 1 ☐ 2 ☐ 3 ☐ 4 ☐ 5

⑥ Er/Sie hat meine Korrekturen umgesetzt.

☐ 1 ☐ 2 ☐ 3 ☐ 4 ☐ 5

⑦ Er/Sie hat beim Spiel mindestens 80 % ihrer Leistung gezeigt.

☐ 1 ☐ 2 ☐ 3 ☐ 4 ☐ 5

⑧ Er/Sie hat sich verantwortungsvoll in das Team eingebracht.

☐ 1 ☐ 2 ☐ 3 ☐ 4 ☐ 5

⑨ Er/Sie hat sich in den geübten Techniken verbessert.

☐ 1 ☐ 2 ☐ 3 ☐ 4 ☐ 5

⑩ Das will ich noch unbedingt zu dieser Bewertung sagen:

____

____

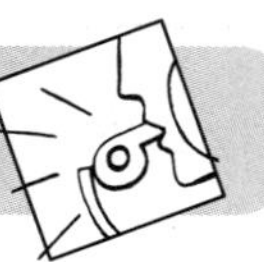

Teamdeckblatt

(– Foto des Teams –)

____

Teamname

Teammitglieder:

______________________ ______________________

______________________ ______________________

______________________ ______________________

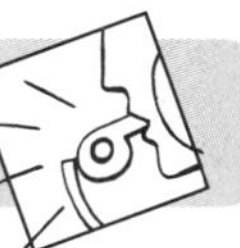

Vertrag Coach

über den Umgang mit den Lernenden in meinem Team

Ich, der Coach, werde folgende Regeln einhalten:

- Ich werde fair im Umgang mit meinen Teammitgliedern sein und kein Teammitglied bevorzugen.
- Ich bemühe mich um eine gute Fehlerkorrektur.
- Ich werde versuchen, geduldig im Umgang mit meinen Teammitgliedern zu sein.
- Die von mir gestellten Übungen/Aufträge sollten für alle machbar sein, d. h., ich verlange keine Unmöglichkeiten.
- Ich werde Kritik annehmen, wenn sie begründet vorgetragen wird.

________________________, den ____________________

____

(Unterschrift des Coaches)

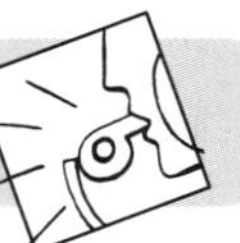

Vertrag Teammitglied

über den Umgang mit meinem Coach

Ich, das Teammitglied, werde folgende Regeln einhalten:

- Ich werde auf die Erklärungen und Anweisungen meines Coaches hören und die Aufgaben/Übungen ausführen, so gut ich kann.
- Dabei werde ich geduldig sein, wenn etwas nicht sofort gelingt, und weiter mitmachen.
- Ich werde Kritik annehmen, wenn sie begründet vorgetragen wird.

______________________________, den ______________________________

____
(Unterschrift des Teammitglieds)

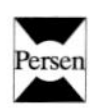

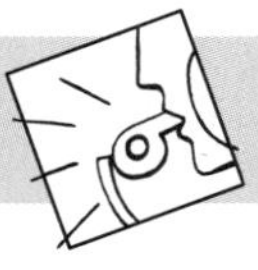

Team: ______________________________ Datum: ______________

Protokollführung: ______________________________

Besprechungsprotokoll

① Welcher Trainingsschwerpunkt liegt der heutigen Stunde zugrunde?

____

____

② Evaluation der Trainingseinheit:

a) Womit sind wir zufrieden?

____

____

____

b) Welche Schwierigkeiten sind aufgetreten? Wie wurden diese gelöst?

____

____

____

③ Evaluation des Spiels:

a) Womit sind wir zufrieden?

____

____

____

b) Welche Verbesserungsvorschläge gibt es?

____

____

____

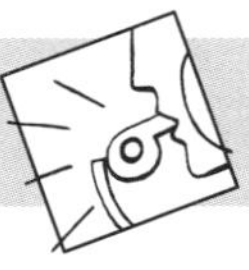

Teamname: ______________________________ Datum: ______________

Name des Coaches: ______________________________

Bewertungsbogen Coach

1 = trifft voll zu 2 = trifft größtenteils zu 3 = mal so, mal so 4 = trifft weniger zu 5 = trifft nicht zu

① Mein Coach war immer gut vorbereitet.

☐ 1 ☐ 2 ☐ 3 ☐ 4 ☐ 5

② Mein Coach hat die Übungen verständlich erklärt.

☐ 1 ☐ 2 ☐ 3 ☐ 4 ☐ 5

③ Mein Coach hat voranbringend korrigiert.

☐ 1 ☐ 2 ☐ 3 ☐ 4 ☐ 5

④ Mein Coach hatte einen netten und freundlichen Umgangston.

☐ 1 ☐ 2 ☐ 3 ☐ 4 ☐ 5

⑤ Ich habe mich durch das Training bei ihm technisch verbessert.

☐ 1 ☐ 2 ☐ 3 ☐ 4 ☐ 5

⑥ Seine Anweisungen während des Spiels haben mir geholfen.

☐ 1 ☐ 2 ☐ 3 ☐ 4 ☐ 5

⑦ Ich hatte manchmal das Gefühl, als hätte er keine Lust.

☐ 1 ☐ 2 ☐ 3 ☐ 4 ☐ 5

⑧ Das Training bei ihm war abwechslungsreich.

☐ 1 ☐ 2 ☐ 3 ☐ 4 ☐ 5

⑨ Ich hatte bei ihm keine Angst, Fehler zu machen.

☐ 1 ☐ 2 ☐ 3 ☐ 4 ☐ 5

⑩ Das will ich noch unbedingt zu dieser Bewertung sagen:

____

____

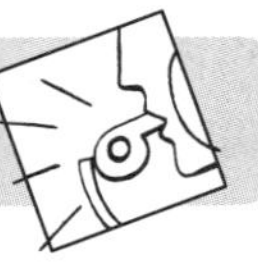

Teamname: ______________________ Datum: ____________

Name des Teammitglieds: ______________________

Bewertungsbogen Teammitglied

1 = trifft voll zu 2 = trifft größtenteils zu 3 = mal so, mal so 4 = trifft weniger zu 5 = trifft nicht zu

① Er/Sie hat den Auf-und Abbau unterstützt.

☐ 1 ☐ 2 ☐ 3 ☐ 4 ☐ 5

② Er/Sie war stets motiviert.

☐ 1 ☐ 2 ☐ 3 ☐ 4 ☐ 5

③ Er/Sie hat meine Anweisungen verfolgt.

☐ 1 ☐ 2 ☐ 3 ☐ 4 ☐ 5

④ Er/Sie hat eigene Ideen und Vorschläge eingebracht.

☐ 1 ☐ 2 ☐ 3 ☐ 4 ☐ 5

⑤ Er/Sie hat meine Korrekturvorschläge angenommen.

☐ 1 ☐ 2 ☐ 3 ☐ 4 ☐ 5

⑥ Er/Sie hat meine Korrekturen umgesetzt.

☐ 1 ☐ 2 ☐ 3 ☐ 4 ☐ 5

⑦ Er/Sie hat beim Spiel mindestens 80 % ihrer Leistung gezeigt.

☐ 1 ☐ 2 ☐ 3 ☐ 4 ☐ 5

⑧ Er/Sie hat sich verantwortungsvoll in das Team eingebracht.

☐ 1 ☐ 2 ☐ 3 ☐ 4 ☐ 5

⑨ Er/Sie hat sich in den geübten Techniken verbessert.

☐ 1 ☐ 2 ☐ 3 ☐ 4 ☐ 5

⑩ Das will ich noch unbedingt zu dieser Bewertung sagen:

____

____

____

Quellenverzeichnis

Achtergarde, Frank: Selbstständiges Arbeiten im Sportunterricht. Ein Sportmethodenhandbuch. Aachen: Meyer & Meyer Verlag, 2011.

Deutscher Basketball Bund e.V. (DBB): Spiele mit dem roten Ball (früher: Spiel doch Basketball). Broschüre.

Fischer, Ulrich / Zoglowek, Herbert / Eisenberger, Kerstin: Sportiv Volleyball. Kopiervorlagen für den Volleyballunterricht. Stuttgart: Klett-Verlag, 2008.

Kleinmann, Andreas: Teamfähigkeit. Schorndorf: Hofmann Verlag, 2005.

Laging, Ralf: Methodisches Handeln im Sportunterricht. Seelze: Kallmeyer Verlag, 2006.

Loibl, Jürgen: Basketball, Genetisches Lehren und Lernen. Schorndorf: Hofmann Verlag, 2006.

Medler, Michael: Volleyball – Teil 1: Hinführung durch Kleinfeldspiele. Flensburg: Medler Verlag, 2005.

Medler, Michael / Schuster, Arnd: Basketball – Teil 1: Hinführung durch Kleine Sportspiele. Flensburg: Medler Verlag, 2004.

Schmoll, Lars: Lernen an Stationen im Sportunterricht. Baltmannsweiler: Schneider Verlag, 2011.

Neue Unterrichtsideen für das Gymnasium!

Arwed Vogel

Erzähltechniken und Schreibmethoden 5./6. Klasse

Kreatives Training für den Deutschunterricht am Gymnasium

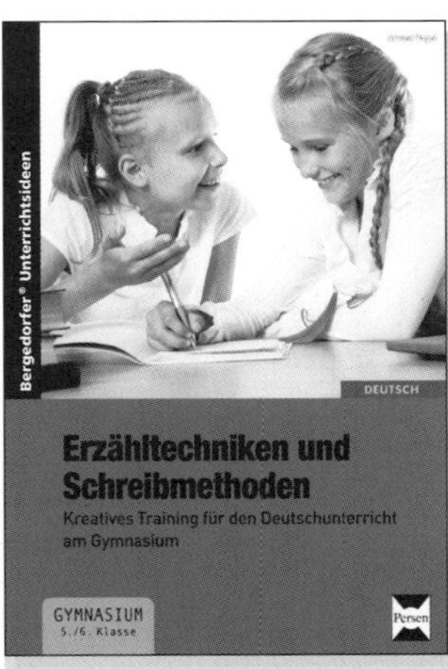

Ungeschultes Vorstellungsvermögen, Mängel im Ausdruck, unstrukturiertes Vorgehen: Vielen Schülern fehlen die Kernkompetenzen des Schreibens. Diese Unterrichtsmaterialien vermitteln Erzähltechniken und Schreibmethoden, die die Grundlagen für schriftliches Mitteilen und Kommunizieren darstellen. Durch die Verknüpfung mit kreativen Aufgabenstellungen lernen die Schüler gleichzeitig, Schreiben als Möglichkeit individuellen Gestaltens zu begreifen. Die abwechslungsreichen Schreibaufgaben sind flexibel und unmittelbar im Unterricht einsetzbar und passgenau auf die Anforderungen der Lehrpläne für die Klassenstufen 5 und 6 abgestimmt.

So wird strukturiertes Texteschreiben originell und lebendig vermittelt!

Buch, 95 Seiten, DIN A4
5. und 6. Klasse
ISBN 978-3-403-23230-8

Jörn Herbers

Basistraining Kondition, Kraft, Koordination

Aktivierende Übungen für den Sportunterricht am Gymnasium

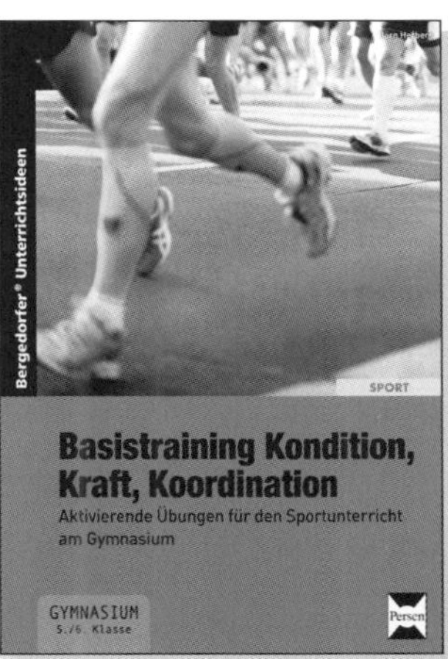

Rückwärtslaufen, Vorwärtsrolle, Dauerlauf: Viele Schüler können im gymnasialen Sportunterricht der 5./6. Klasse grundlegende Bewegungsanforderungen nicht erfüllen. Diese Unterrichtsmaterialien vermitteln deshalb in spielerischer und motivierender Form die Fähigkeiten und Fertigkeiten der drei sportlichen Grundeigenschaften Koordination, Kondition und Kraft. Ob Mattenrugby, Rollbrettmarathon oder Rundenstaffel – der Band kombiniert eine Vielzahl origineller und klassischer Übungen, die differenziert aufgebaut und den drei Bereichen schwerpunktmäßig zugeordnet sind. Sie sind in allen Unterrichtsphasen einsetzbar und orientieren sich an den Lehrplanthemen der 5. und 6. Klasse.

So starten Schüler im Sportunterricht am Gymnasium durch!

Buch, 77 Seiten, DIN A4
5. und 6. Klasse
ISBN 978-3-403-23217-9

Religion kompetenzorientiert – Gymnasium

Manfred Karsch, Silvia Kunter

Gottesvorstellungen im Laufe des Lebens

Mit Martin Luther auf der Suche nach Gott

Unterrichtsbausteine zum Inhaltsfeld Entwicklung einer eigenen religiösen Identität

Die Bände der Reihe „Religion kompetenzorientiert" stellen Materialien in Form von „didaktisch-methodischen Baukästen" zur Verfügung, aus denen sich die Lehrer ihre Unterrichtsprojekte zusammenstellen können. Die beiden Bände zum Inhaltsfeld „Entwicklung einer eigenen religiösen Identität" bieten jeweils 8 bzw. 7 Unterrichtsbausteine mit Angaben zu Material und Unterrichtsplanung (Einführung, Erarbeitung, Reflexion), einen didaktischen Kommentar sowie weitere Unterrichtsideen. Mithilfe einer Diagnoseaufgabe werden die unterschiedlichen Kompetenzen der Schüler, die zur Weiterarbeit nötig sind, erfasst. In 5 Lernaufgaben setzen sich die Schüler mit dem jeweiligen Thema auseinander, das zur Klärung der eigenen Gottesvorstellungen hinführt. Den Schluss bildet eine Evaluationsaufgabe.

So gelingt kompetenzorientierter Religionsunterricht am Gymnasium!

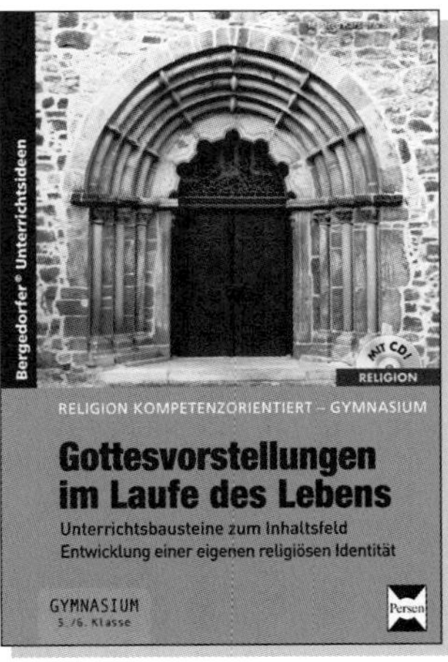

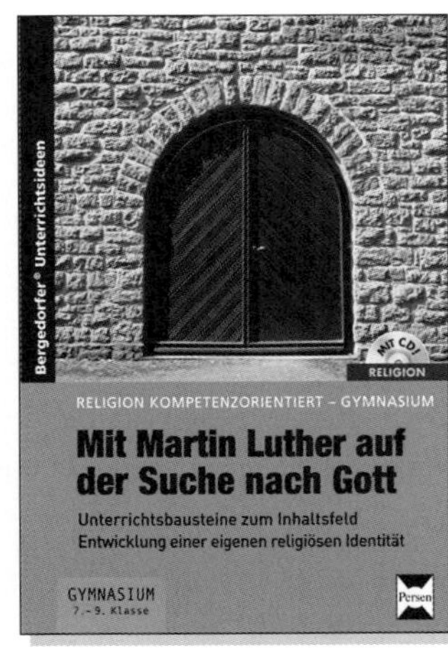

Aus dem Inhalt:

Gottesvorstellungen im Laufe des Lebens

- Gottesbilder im Gespräch
- Gottes Auge und des Menschen Herz
- David wird zum König gesalbt
- Menschenwege und Gotteserfahrungen
- Gott sieht das Herz an
- Kann Gott auch einmal wegsehen?
- Der Psalm 23

Mit Martin Luther auf der Suche nach Gott

- Lebenserfahrungen erzeugen Gottesbilder
- Gottesbilder erzeugen Lebensgefühle
- Eine Zeitreise in Martin Luthers Kindheit
- Bilder in Kirchen zur Zeit Martin Luthers
- Almosen, Pilgern, Heiligenverehrung – Wege zu Gottes offener Tür?

Gottesvorstellungen im Laufe des Lebens
Buch, 88 Seiten, DIN A4, inkl. CD
5. und 6. Klasse
ISBN 978-3-403-23224-7

Mit Martin Luther auf der Suche nach Gott
Buch, 82 Seiten, DIN A4, inkl. CD
7. bis 9. Klasse
ISBN 978-3-403-23180-6

Unser Bestellservice:

Das komplette Verlagsprogramm finden Sie in unserem Online-Shop unter

www.persen.de

Bei Fragen hilft Ihnen unser Kundenservice gerne weiter.

Deutschland: ✆ 0 41 61/7 49 60-40 · Schweiz: ✆ 052/366 53 54 · Österreich: ✆ 0 72 30/2 00 11